Guide to
Russian Martial Art
SYSTEMA

ロシアンマーシャルアーツ
システマ入門

4つの原則が生む
無限の動きと身体

北川貴英 Takahide Kitagawa

BABジャパン

日露親善の一助として

親愛なる日本の皆さん！

「信頼するインストラクター、タカによるロシアンマーシャルアーツの本があなたの国で刊行される事を嬉しく思います。本書がロシアの戦士達の経験、スピリット、そして伝統の結晶であるシステマを理解する助けとなることを願っています。システマはあなたに新たな世界を発見させるでしょう。そして現実への洞察やストレスのコントロール、家族関係、衰えぬ若さなど、実に多くのことがらについてサポートしてくれるはずです。」

システマ創始者　ミカエル・リャブコ

はじめに

システマを学ぶ動機は人によって様々です。強い自分になりたい、武術のスキルを高めたい、健康に良さそう、ロシア軍に興味がある、思い切り身体を動かしてスッキリしたい、ダイエットにも良いかも、などなど色々とあることと思います。

なぜ自分がシステマを学ぼうと思ったか。または興味をもったのか。そのさらに奥にある動機にも意識を向けてみて下さい。するとおそらく「より良い人間になりたい」という思いが潜んでいるのではないかと思うのです。システマは優れた武術ですし、健康法ですし、哲学でもあります。そしてその「より良い人間になりたい」という、誰もが持つ普遍的な欲求を実現に近づけるためのシステムでもあります。

本書はそんなシステマの世界に第一歩を踏み出すための入門書です。執筆に際して決めたコンセプトは、基本以前の基本、常識以前の常識といった、システマをやっている人にとってはきわめて当たり前のことがらを一つ一つ紹介していく、ということ。それによってお伝えしたいのは、システマの全てを貫く「原則」です。

システマの技術はその全てが共通の原則によって関連づけられており、一つとして例外はありません。これはつまりその原則さえ掴んでしまえば、システマで学ぶあらゆる技術を理解できるということです。そればかりか、格闘術だけでなく健康法や日常生活、教育といった全く異なるシチュエーションにもシステマを活用することが可能になります。

その原則を様々な角度やレベルで検証し、理解を深めていくのがシステマのトレーニングです。ですからいつでもどこでも出来ますし、たくさんの知識やテクニックを覚える必要もありません。システマの練習に参加したことの無い方はこの点を頭の片隅に置いておきながら、本書を読み進んでいただければ良いでしょう。例え「なんだか難しそう」というイメージを抱いていたとしても、読み終える頃には「自分にも出来そう」と思えるのではないかと思います。ただ察しの良い人であれば、どのページを開いても書いてあることの要点が丸っきり同じなので驚いてしまうかも知れません。もしそう思ったとしたら、紹介してあるドリルから適当なものを選び、自分の身体を通して確かめてみて下さい。

また、ある程度システマの経験がある方は、自分が掴んでいるシステマ像と私が紹介するシステマ像を比べてみても良いでしょう。どちらが正しい、正しくないというのはありません。人それぞれ、その人なりのシステマがあってしかるべきです。そういった観点から本書で紹介されているシステマと比較することで相対的に自分のシステマ像がよりクリアになってくるのではないかと思います。

システマは想像を絶する修羅場をくぐり抜けたミカエル・リャブコがその経験をもとに生み出した「システム」です。現代の平和な日本では決して知り得ないようなリアリティや平和への切実な思いもまたそこには含まれています。はなはだ力不足ではありますが、システマの技術だけでなく、そうした哲学や背景も含めたシステマの全体像を少しでも日本の皆さんにお伝えできれば、私としては嬉しい限りです。

目次

第1章

システマのトレーニング

SYSTEMA's TRAINING

システマのトレーニングについて

NO BELTS OR UNIFORMS

NO KATAS OR STANCES

NO FORMALITIES OR RITUALS

REAL, PRACTICAL,

AND EXCITING Training!

ベルトやユニフォームはありません。型や構えもありません。格式張った作法や慣習もありません。リアルで実戦的で、とても楽しいトレーニングができます。

20世紀の終わり頃から急速な勢いで世界中に広まっているロシア発の軍隊武術「システマ」。これはトロントにあるシステマ本部のウェブサイトに掲げられているキャッチコピーです。

システマには特別な道具も場所も必要ありません。ある程度の広さがあればどこでだって練習できます。トレーニングナイフやスティックといった武具を使うことがありますが、必ずしも必要というわけではありません。段位認定制度のようなものもありませんので、トレーニングの参加費用や会場代、スポーツ保険料といった最低限の費用の他にお金もかかりません。例え途中でバテてしまっても自由に休憩をとることができます。自分の体力に応じて自分自身のペースで練習に参加することが可能です。

そして「ロシア軍産まれ」というルーツから連想されるような恐ろしさもありません。インストラクターがジョークを飛ばし、時おり笑い声が聞こえるくらい、リラックスした和やかな雰囲気の中で、男性も女性も、年配の方も若者も、いくつもの格闘技をマスターした猛者もスポーツ経験すらほとんどない人も、みんな一緒くたに練習しています。必要に応じて「初心者クラス」や「女性クラス」などが設けられることもありますが、基本的にみんな一緒です。これには特定のグループ分けをする事で、動きが一定のパターンにはまってしまうのを防ぐ狙いがあります。例えどのような相手であろうと、臨機応変かつ自由自在に対応できる力を養うには、様々な人がごちゃまぜになって練習をした方が効果的なのです。アメリカのクラスでは米軍関係者がロシア人と一緒になって汗を流していたりするのですから、冷戦時代に比べたらずいぶんと時代が変化したことを感じさせられます。

またシステマには一部の人にだけ伝えられるような「秘伝」もありません。それどころか新しく習った技を反復練習によって身につけることすらありません。誰かから教わった技ではなく、自分の中からその場に応じた最適な技が湧き出てくるような身体と心を養っていくのです。

こうしたトレーニングを日本のクラスでも欧米のクラスでも、ロシアのクラスでも同じように行なっています。多少、体力的な面で差はあったとしても、治安機関の専門家やスペツナズ（ロシア軍特殊部隊）の隊員達もまた、同じようなドリルを通してシステマを学んでいるのです。

◎システマの歴史

システマの産みの親は、スペツナズの教官だったミカエル・リャブコです。代々、戦士として戦ってきた家に生まれたミカエルは、5歳の頃から家伝の武術を伝授され、15歳でスペツナズに入隊。その後、軍人として華々しい戦果を挙げ、スペツナズ向けのテキストを執筆した事もある戦闘のスペシャリストです。その彼がリャブコ家に伝わっていた武術をもとに生み出したのが本書で紹介するシステマです。その高い効果からスペツナズにも採用され、旧ソ連の国家機密として国外に明かされることはありませんでしたが、冷戦終結後の1993年、ミカエルの高弟であるヴラディミア・ヴァシリエフがカナダのトロントに移住し、ロシア国外で初めてシステマを教え始めたことがきっかけとなって世界各国に広まりました。今では南北アメリカ大陸、ヨーロッパ、中東、アフリカ、オーストラリア、東南アジアなどで多くの人々がシステマの練習に励み、武術愛好家や軍事、セキュリティの関係者はもちろん、教育や医療の現場の人々にも活用され始めています。

日本では2005年にスコット・マックィーンとアンドリュー・セファイがインストラクターの認可を受けたことで日本初の公式グループシステマジャパンが正式に発足。続いてアメリカ出身のインストラクター、ビクター・ロコンティがシステマ大阪を設立しました。こうした世界各国での広がりを受けて、ロシア政府はミカエル・リャブコを「ロシア文化を広める上で多大な貢献をした」と絶賛して記念式典を催したほか、07年にはニューヨークにある国連本部内で行なわれた平和式典にミカエルとヴラディミアが招かれ、デモンストレーションを披露し、高い評価を受けています。

その後、日本では帰国したビクターの後を継いで日本人初のインストラクターである大西亮一がシステマ大阪の代表に就任したほか、私やシステマ神戸を主催する奥内一雅といった日本人インストラクターも産まれ、各地に多くのシステマの同好会も発足しました。また雑誌や新聞、テレビ等の各種メディアでもシステマが取り上げられたりしたことで、システマ人口は一気に増加。各地の大手カルチャースクールでもシステマのクラスが開講し、下は3歳から上は70代までの幅広い方々が練習に参加するようになっています。さらに2010年には国内でインストラクター研修生として活動していた西部嘉泰、柴田勝成、吉田寛、北川文、ブレット・アダムスの5名が公認インストラクターに認定。これによって、より多くの人が気軽にシステマを体験できるようになりました。

ミカエル・リャブコ（Mikhail Ryabko）

システマ創始者。5歳の時からスターリンのボディガードを務めた人物に訓練を受ける。15歳で特殊部隊スペツナズに志願入隊。人質救出、対テロリスト、対武装犯罪などの指揮を務めるほか、戦術に関するテキストも執筆している。今なおロシア政府の要職に就く傍ら、システママスターとして世界中の人々にシステマを指導している。モスクワ在住。

ヴラディミア・ヴァシリエフ
（Vladimir Vasiliev）

システマトロント本部校長。スペツナズでの過酷な軍務や、精鋭部隊、ボディーガードなどの育成に携わった後、1993年にトロントに移住。ロシア国外で初のシステマスクールを設立し、システマが世界に爆発的に広がる発信源となる。ミカエル・リャブコの高弟として世界各国でシステマを指導し、多数のインストラクターを育成している。

◎システム…四原則のアプローチ

そのトレーニング内容は実に多彩です。打撃、投げ技、寝技といった徒手の技術だけでなく、ナイフ、スティック、拳銃といった武器を用いたもの、対多数、対群衆、水中戦、夜間戦、さらに鍛錬法や健康法などなど、ありとあらゆるドリルがあります。このように列記すると、覚えることがたくさんあるような気がしますが、実はそうではありません。システマではその全てに通じる「原則」を身につけていくのです。

ですが、システマには型がありません。ルールもありません。そもそも正式名称すらありません（一般的な呼称である「システマ」は、世界中に広まるにあたって便宜上つけられた名前です）。技であれ戦略であれ、一定のパターンを持ってしまうと、そのパターンから外れた時に対処しきれなくなります。それを避けるためにシステマでは、あらゆるパターンを排除していきます。ですからここまで書いてきたことと矛盾するようですが、本来は決まった原則すら存在せず、ミカエル自身、「システマにはおよそ百に及ぶ原則がある」と言うこともあれば、「呼吸が全てだ」と言う事もあるほどです。そのため指導法もインストラクターによって様々。クラスによってもまるで全く異なる武術のような印象を受けることもあります。

技もない、ルールもない、原則もない。そしてカリキュラムもない。それがシステマです。ですがそれではあまりにも手がかりが少なすぎますので、本書では各国のクラスで最も一般的に行なわれているアプローチを通じて、システマを紹介していきたいと思います。

そのアプローチとは「四原則」を用いたもの。四原則とは「呼吸」「リラックス」「姿勢」「動き続ける」です。これもまた一種のパターンではあるのですが、非常に有効なガイドラインとなってシステマの学習をサポートしてくれます。四原則への理解を大切に深めていけば、多くのテクニックは枝葉としていくらでもついて来るものです。

ヴラディミアがトロントでシステマを教えはじめた当初からの生徒であり、来日セミナーの経験もあるシニア・インストラクター、スコット・コナーは次のようなことを言っていました。「確かにシステマは難しい。だがとてもシンプルなものだ。システマが難しすぎる、複雑すぎると思える時は、必ず何かが間違っている」と。

もしシステマが難しいと感じられたら、まずこの四原則に立ち戻るようにして下さい。そうする事で、きっとヒントが得られるはずです。

四原則その1「呼吸」

「もっと呼吸をして！」、システマのクラスでこれほどたくさん耳にするアドバイスはないでしょう。四原則の中でももっとも大切なのは「呼吸」です。あまりに簡単で当たり前のことのように思えますが、どれだけ気をつけていても、知らず知らずのうちに浅くなったり止めてしまっていたりするものです。自分が緊張してしまっている、もしくは呼吸が浅くなってしまっている、と思ったらすぐに呼吸をする。その習慣を身につけるだけでも十分、システマの練習が成立してしまうのです。

ブリージングの最大の効能は、身体と心をリラックスさせてくれることです。練習を積みながら、自分が最もリラックスできる深さやペースを探っていきます。それはインストラクターが教えることはできません。自分の呼吸と身体をよく感じることで見つけ出していくのです。

本書ではシステマの一般的な呼称に準じてシステマ式の呼吸法を「ブリージング」と呼ぶこととします。そのやり方はいたってシンプルです。鼻から吸って、口から吐く。これだけです。という訳で、早速練習をしてみましょう。

ブリージングのドリル１

1. リラックスして座ります。立っていても寝ていても構いません。
2. 鼻から息を吸います。
3. 口から息を吐きます。

呼吸のトレーニングの際には必ず音を立てるようにして下さい。そうする事でインストラクターもきちんと呼吸ができているか確認できますし、自分自身でも呼吸のし忘れに気づきやすくなります。また、吸う時も吐く時も多少の余裕を残し、呼吸によって余計な緊張が生まれないように気をつけてください。これができたら、次のドリルに進みます。

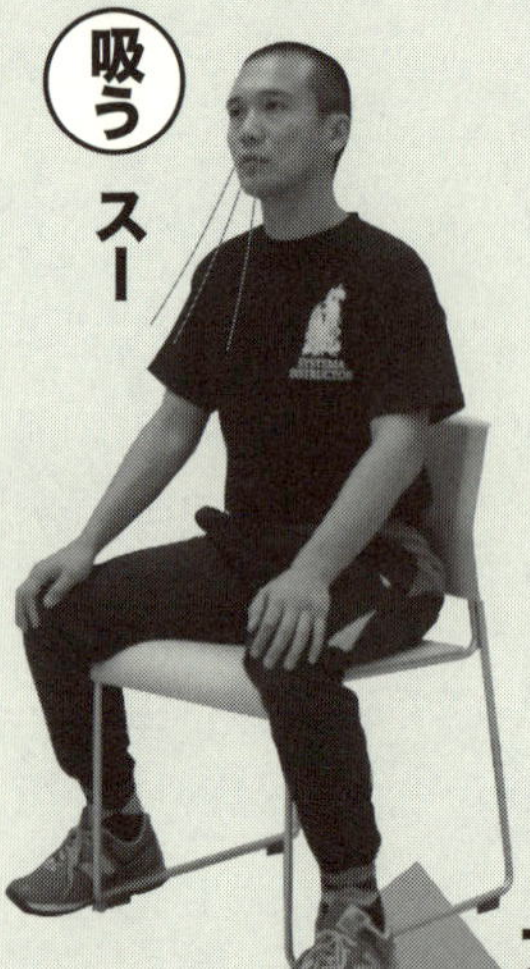

ブリージングのドリル2

1. ドリル1と同様、好きな姿勢でリラックスします。
2. 鼻から息を吸いつつ、全身を緊張させます。
3. 口から息を吐きつつ、全身をリラックスさせます。
2. ～3. をワンセットとして、3～5回ほどくり返します。

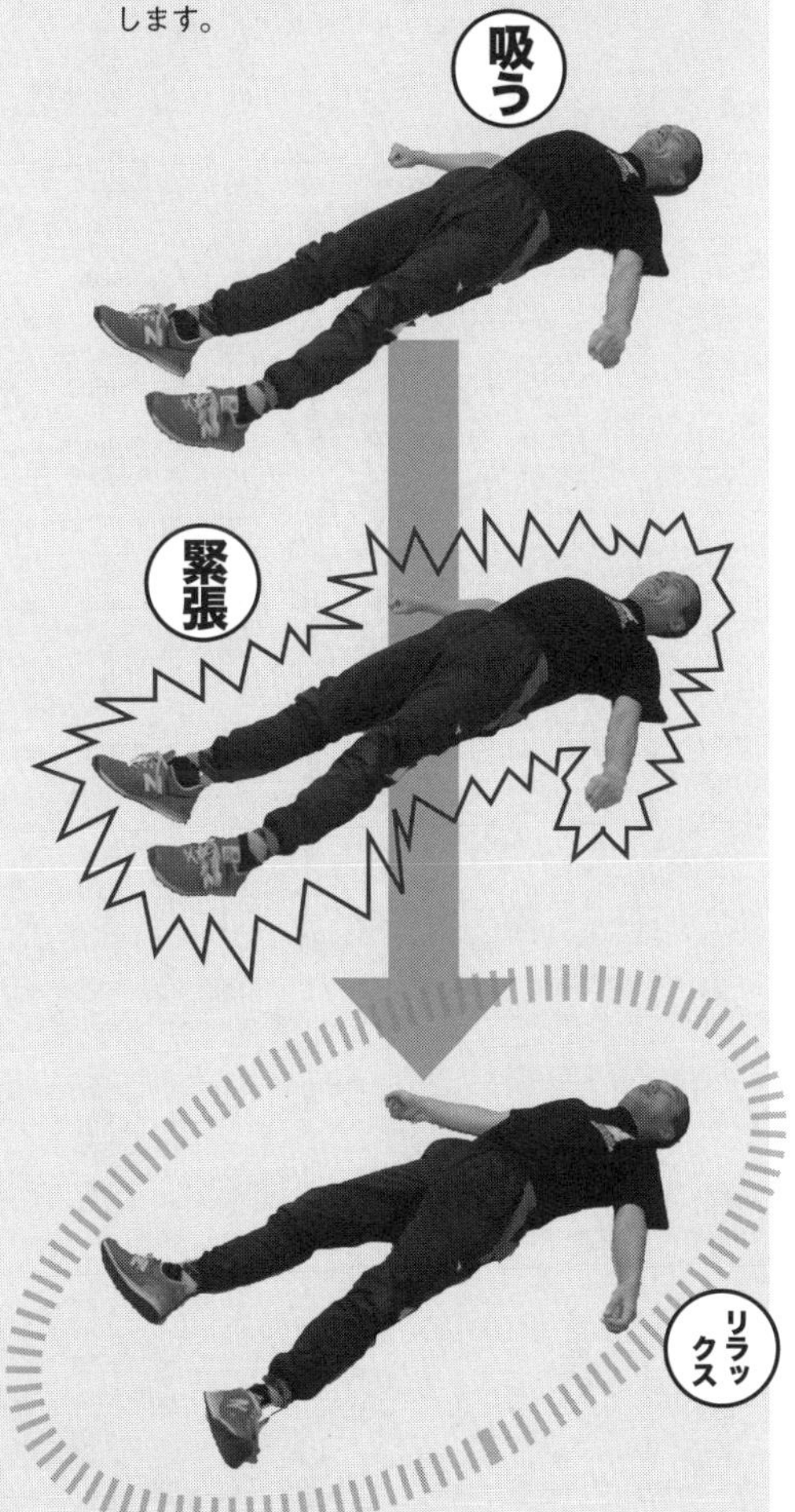

左側にあるドリル2の時には、きちんと全身くまなく緊張できているかどうか、吸ったまま息を止めて確認するのも良いでしょう。抜けてしまっているところを見つけたら全て緊張させていきます。また、あくまでも呼吸が主導となるようにします。息を吸い始めると同時に筋肉の緊張が始まり、吸気の終わりとともに緊張もマックスに達します。そして息の吐き始めとともに筋肉がリラックスし始め、吐き終わると同時に完全にリラックスする、といった感じです。自転車のチューブに空気を入れると膨らむのと同じですね。あくまでも呼吸が先であって、筋肉の動きに呼吸を合わせるのではない事に注意して下さい。また3でリラックスする時に自分の身体の中にどのような感覚が生じるかよく感じ取るようにするとなお良いでしょう。

ところで何らかの呼吸法の訓練をしたことがある人は、胸式呼吸か腹式呼吸か、はたまた別の部分を使う呼吸なのかと気になるところかも知れませが、システマのブリージングでは基本的にどこも使いません。鼻先で吸って、口先で吐きます。どこか特定の部位を用いて呼吸をすることはありません。なぜならそうすることでその部位に新たな緊張が生まれてしまうからです。あらゆる緊張を解消させていくシステマでは、呼吸にもいっさいの緊張を伴わせないようにしていくのです。

○バースト・ブリージング

きついトレーニングによって体力が限界に達した時や重い打撃を受けた時など、身体への負荷が強すぎて通常のブリージングによる回復力では追いつかない時には、「バースト・ブリージング」が用いられます。これは鼻から吸って口から吐く呼吸のサイクルをより鋭く、細かく、連続的に行なうものです。通常のブリージングの音が「フーッ、フーッ」であれば、「フッフッフッフッフッ！」といった感じです。では早速やってみましょう。

おもに意識するのは、息を吐くほうです。空気を吸うのは、呼気の切れ目に自然に入ってくるのに任せます。身体がリラックスしていれば、息を吐いた反動で自然に空気が入ってくるはずです。とはいえ最初のうちは難しいので、吸うのも吐くのも意識的に行なう方が良いでしょう。全身が振動するくらい強く呼吸することで、呼吸の動きを全身に伝えることができます。そうすることで血流も活性化し、筋肉に溜まった疲労物質を洗い流し、細胞や神経に新鮮な酸素を送り届けることができます。また、呼吸による振動も、それ自体が筋肉に代わる動力となって、身体のより合理的な動きをサポートしてくれるのです。

また、バースト・ブリージングはメンタル面にも有効です。トレーニング中にもし恐怖や焦りといったネガティブな感情を感じたら、バースト・ブリージングに注意を向けるようにして下さい。ネガティブな感情を全て吐き出すつもりで、たくさんの空気を出し入れするのです。すると次第にネガティブな感情が和らいでいくはずです。その結果として、自分の恐怖や自信のなさによって超えられずにいた壁を突破することだってあります。

バースト・ブリージングのドリル１

1. ブリージングのドリルと同様に、好きな姿勢でリラックスします。
2. 口から小さく鋭く息を吐き、同じように鼻から吸います。これを小刻みにくり返します。だいたい20秒ほど。呼吸によって力み過ぎないように気をつけます。もし緊張が生じてしまうようであれば、リラックスできるように深さやペースを調整してみてください。もし頭がのぼせるような感じがあれば、すぐに止めます。あまり一生懸命やらないようにして下さい。このやり方がだいたい分かったら、次のドリルに進みましょう。

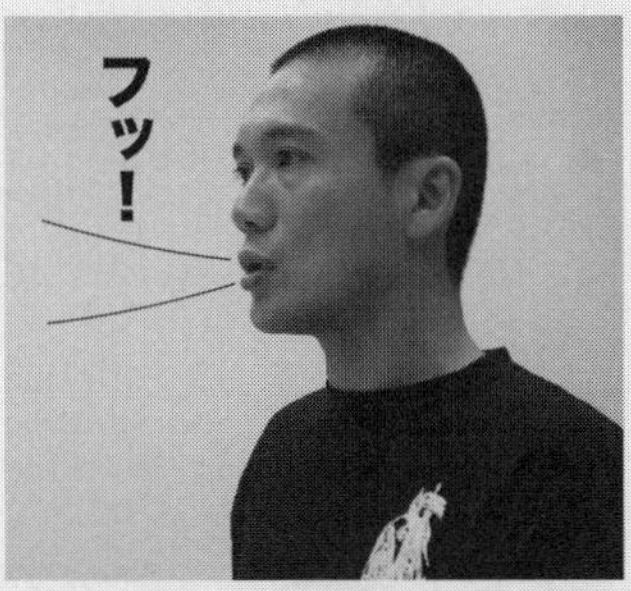

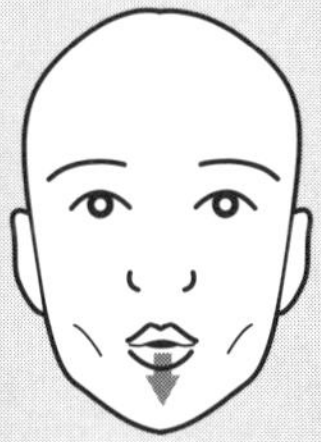

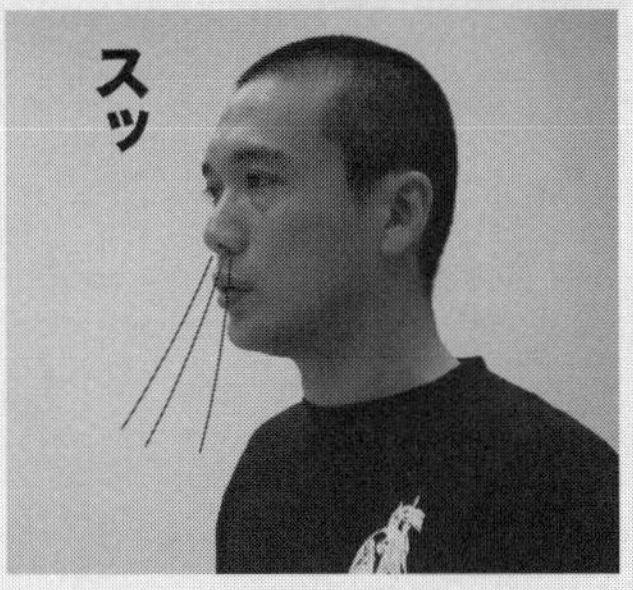

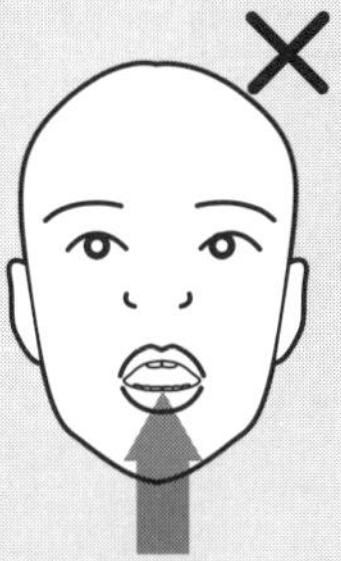

息を吸うときは苦しくても鼻から吸うことが大事。

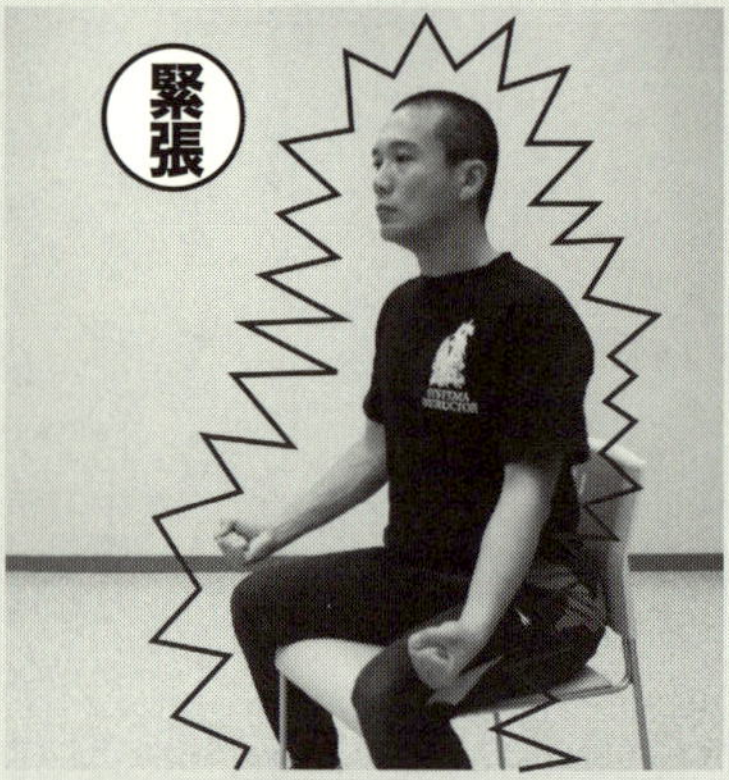

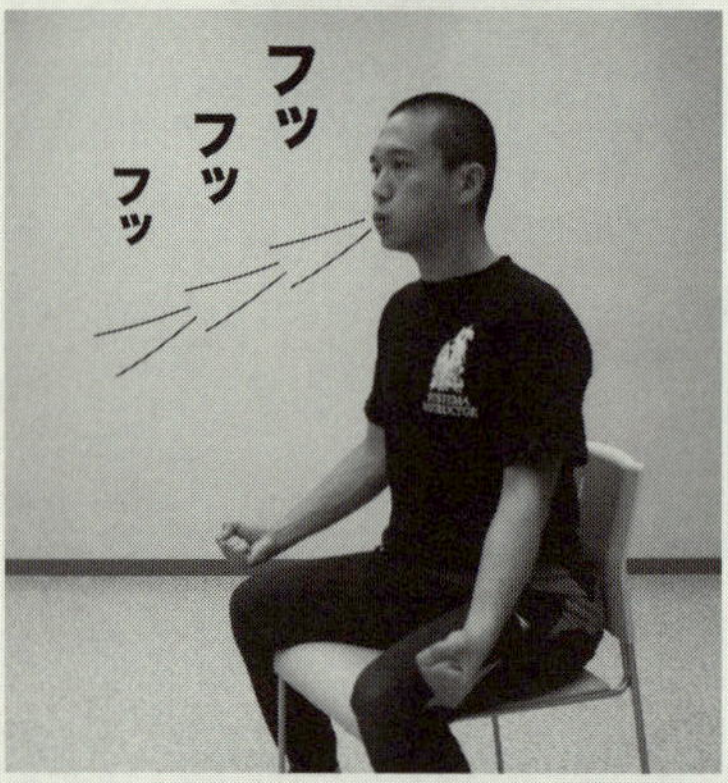

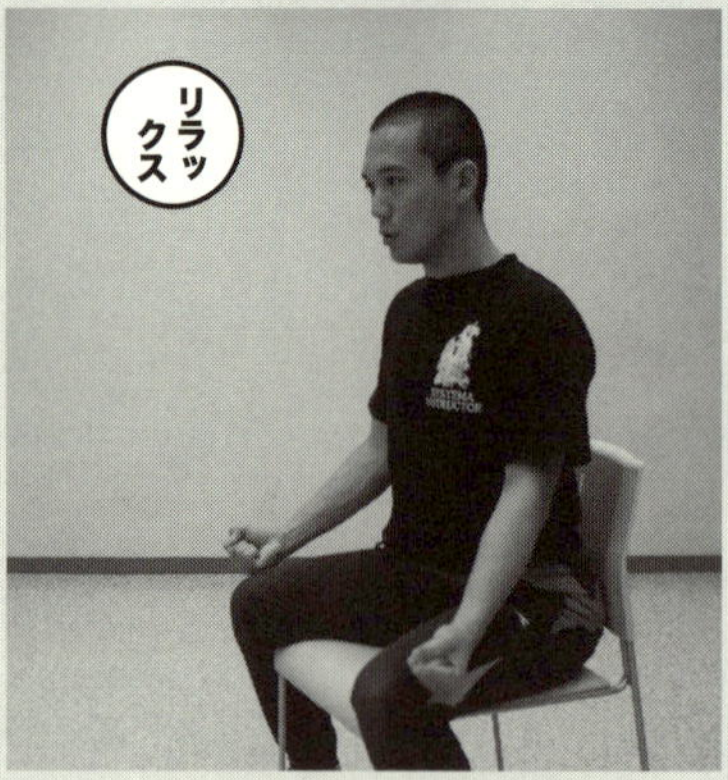

バースト・ブリージングのドリル2

1. 好きな姿勢でリラックスします。
2. バースト・ブリージングをしながら全身に思い切り力を込めます。全身くまなく、インナーマッスルも全てガチガチに緊張させて下さい。この状態を限界まで維持します。
3. 息を吐きながら全身をリラックスさせます。吐き終えたら全身をよく感じてみて下さい。全身を緊張させ、リラックスさせるという手順はブリージングのドリル2と同じですが、それよりも深いリラックスと心地よい疲労感があるのではないかと思います。これがバースト・ブリージングの効果です。

ミカエルの高弟、ヴァレンティン・タラノフは次のようなことを教えてくれました。「システマの指導者は、生徒に自分の限界を超えることを無理強いしてはいけない。ただ呼吸に集中させるべきだ。そうすれば、自ずと限界を超えさせることができる」

自分の限界を超えようとするのは大切です。ですが超えようと無理をしすぎると、いずれ「燃え尽き症候群」のようになってしまって、トレーニングを続けるモチベーションすら萎えてしまいかねません。それを防ぐ意味もあって呼吸に専念するのです。その結果として壁を越えてしまっていた、というのが理想的な壁の超え方です。

もう一つ、ブリージングに関する注意点を挙げるとすれば、通常のブリージングも、バースト・ブリージングも「フーッ、フーッ」もしくは「フッフッフッ！」と、音を立てながら行なうということ。特に難易度の高い動きをする時や、相手の攻撃を受け損ねて、ハッとしてしまった時など、私たちはどれだけ気をつけていても、ついつい呼吸を止めてしまいます。ですが音を立ててブリージングをするよう心がけることで、つい呼吸を止めてしまった時に、比較的すぐに気づくことができますし、パートナーも「息が止まってますよ」と指摘してあげることができるのです。

ブリージングはシステマの極意そのものです。あまりに簡単すぎてついつい軽視してしまいがちなのですが、くれぐれも大切に練習して下さい。

四原則その2 「リラックス」

あらゆるスポーツや武道、ボディーワークなどでも繰り返し説かれている通り、システマにおいてもリラックスは極めて重要です。リラックスしていなければ自由な動きも、強い打撃も、強靭な身体も得られません。

緊張とは「硬直」です。ブレーキとして身体のあらゆる機能を封じ込めてしまうのです。そう分かっていてもなかなか緊張を解消できないのも現実です。緊張は心身両面の奥底に密接に関連しているため、表面的な意識で一生懸命解こうとしてもなかなかうまくいかないのです。

ではシステマではどのようにしてその問題を解決しているのでしょうか。答えはいたってシンプル。「ブリージング」です。ブリージングによって心身をリラックスさせていくこと。システマの練習で行なっているのは、そればかりと言っても良いくらいです。身体は息を吐く事で力が抜けるようにできています。例えば一日の仕事を終え、熱いお風呂に入って疲れを癒すときのことを思い出してみて下さい。「はぁ〜」という吐息とともに、身体からふうっと力が抜けると思うのです。これこそが呼吸がリラックスを導く最たる例です。

ブリージングによって負荷を克服するコツは、「きつい！」と思ってからではなく、まだまだ余力があるうちにブリージングを強めに行なうことです。負荷がきつい時は、早めにバースト・ブリージングを用いると良いでしょう。こうすることで身体の疲労を先延ばしにすることができます。いったん緊張してしまった筋肉を解すのはなかなか困難ですが、ブリージングを用いればその先手を打つことができるのです。

しかし、それでも解消しきれない緊張は全身に潜んでいます。これらをリラックスさせるには次のドリルを試してみると良いでしょう。

リラックスのドリル

1. まず身体を良く感じ、一番緊張している部位を特定します。別に正解はありません。自分自身がそう感じるところで結構です。
2. 息を吸いながら、緊張している部位をさらに緊張させます。
3. 限界まで緊張を強めたら、息を吐きながらその部位を緩めます。

なかなか解れない強固な緊張は、息を吸いながらその部位をもう一段強く緊張させることで、よりリラックスしやすくなるのです。

また2. の時には、その他の部位まで連鎖的に緊張してしまわないように気をつけて下さい。息を吸いきったところでいったん止めて、余計な部位をリラックスさせるのも良いでしょう。

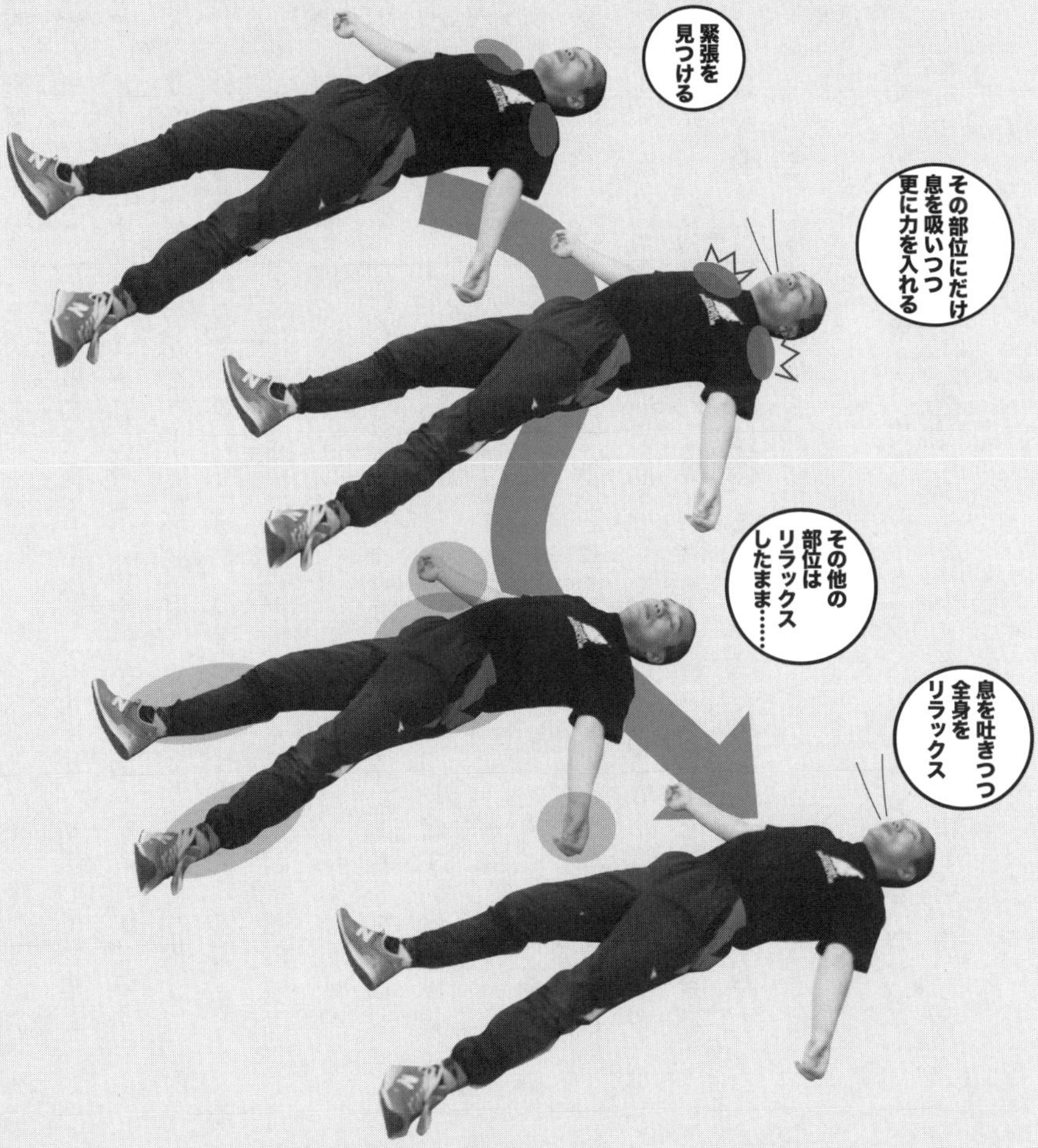

リラックスによって物理的な衝撃への耐性もあがります。万が一、パンチやキック、棒などによる打撃を受けたとき、筋肉がリラックスしていれば威力を流すことができますが、緊張しているとダメージをモロに受けてしまいます。関節をロックされた時も、緊張は禁物。筋肉が固く締まる事で関節をより強くロックしてしまって、自分で自分の関節を痛めてしまうことにもなりかねません。関節のロックは微妙なポイントのズレで効果が大きく変わります。だからこそリラックスによって関節に余裕を作り、そのポイントをほんの少しだけずらします。これだけでも効果は半減するのです。

刃物による攻撃も同様です。例えば魚をさばく時にまな板に乗せることを思い浮かべれば分かりやすいでしょう。もしまな板の代わりに柔らかい布やゼリーを使ったりしたら、ふわふわしてしまってさばくどころではなくなってしまうはずです。筋肉の緊張はこのまな板に相当します。緊張は身体を固定し、刃物によるダメージもまた深いものにしてしまうのです。

リラックスの効能はまだあります。力を抜くことで外界に対する知覚能力もアップします。これは武術家の甲野善紀氏が「センサーモード」という言葉で指摘していることですが、なにかを手に持って重さを量るとき、人間は必ず力を抜きます。人間の筋肉は、なにかを感じ取る時には必ず力を抜かなくてはいけないように出来ているのです。これは武術的な面において気配を察知する能力として反映されます。リラックスが進んでいれば、相手に軽く触れるだけで相手の全身の様子が手に取るように分かりますし、どこにどのように力を加えれば相手を崩すことができるかということも、肌から伝わる感触で知ることができるのです。

それが進むと、直接触れなくても気配を読めるようになってきます。筋肉がセンサーとなって、身の危険を知らせてくれるのです。ですがこうした緊張はとても微妙ですので、余計な緊張があると感じ取ることができません。蛍光灯でこうこうと照らされた部屋に、豆電球が灯ってもまったく分からないのと同様です。豆電球の微細な光を知るには、まず蛍光灯を消す必要があります。身体が警告として発する微妙な緊張を知るには、身体の緊張をブリージングによって解消していかなくてはいけないのです。身体が緊張したままでは、敵の接近に気づくことも、「ここはマズいな」と感じて危険な場所を回避していくような勘を働かせることもできないのです。

そういったリラックスを妨げてしまう「緊張」には、慢性的なものと突発的なものの二種類があります。前者は、これまでの身体や心の使い方のクセによって長い時間をかけて作られたもの。肩こりや腰痛のもととなっているような緊張です。後者は例えばびっくりした時に全身がすくみ上がるような、外界からの何らかの刺激によって、その都度現れるものです。いずれも人それぞれ異なりますが、ある程度のパターンがあります。

システマのトレーニングにおいては、その両方を見つけ出してブリージングによって解消していくようにします。

トレーニングをしていると「このくらいは最低限必要なのではないか？」と思える緊張を見つけたりします。しかしその多くは「力を抜きたくない」という無意識からの抵抗が原因となっています。これまであまりにも長い間その緊張に頼って来たので、手離すことに対して恐怖感を抱いてしまうのです。ですが本当に抜いていきたいのはそういった緊張です。決して無理に解したり、緊張してしまう自分を責めたりする必要はありません。ブリージングをたくさん行なった結果として、少しずつ自然に緩和されてくるものなのです。

四原則その3 「姿勢」

四原則の三つ目は「姿勢」です。良い姿勢であれば重い荷物をラクラク担げますが、崩れた姿勢であれば軽い荷物でも重たくなってしまいます。同様に良い姿勢であれば速く、自由で、快適に動けますが、姿勢が崩れれば動きは簡単に鈍重で、ぎこちなく、おっくうなものとなってしまいます。人間の身体はミリ単位のほんのわずかな姿勢のズレで、強度や能力が大きく異なってしまうのです。

では「正しい姿勢」とは一体、どのような姿勢でしょうか。

これについては多くの武道やボディーワークの先生方が様々な説明をされていますが、システマの定義はいたってシンプルです。それは「背骨が真っすぐであること」。それが骨格がもつ力を最大限に利用できる状態とされています。鉄の棒を例に挙げてみましょう。鉄の棒を縦に圧縮するには、何トンもの負荷が必要です。しかしその途中をちょっと折り曲げてやるだけで、ずっと少ない負荷でポッキリと折れたり、ねじ曲がったりしてしまいます。骨格も同じことです。背骨が曲がったりねじれたりしてしまうことで、簡単に弱くなってしまうのです。とは言え、意識的に背骨を一直線にする必要もありません。身体が自分の力を最大限に発揮できる状態を知っています。何も意識せず、何気なく立っている時の状態こそが、実はもっとも強い状態なのです。

それを手軽に知ることのできる実験がありますので、ぜひ仲間と試してみて下さい。

正しい姿勢を保つ上で気をつけておきたいのは、正しい姿勢を保つために緊張してしまわないことです。いくら外見上で背骨が真直ぐであっても、緊張してしまっていては元も子もありません。

「正しい姿勢」の実験

1. A は力を抜いて普通に立ちます。
2. B と C は A の左右に立ち、両側からぶら下がるようにして体重をかけます。A の肩がシーソーになって、B と C の重さを支える感じです。この時、A はくれぐれも構えたり力を入れたりしてはいけません。あくまでも普通に立ったままです。
3. うまくいけば A はらくらく BC を支えることができ、足も自由に動かせるはずです。

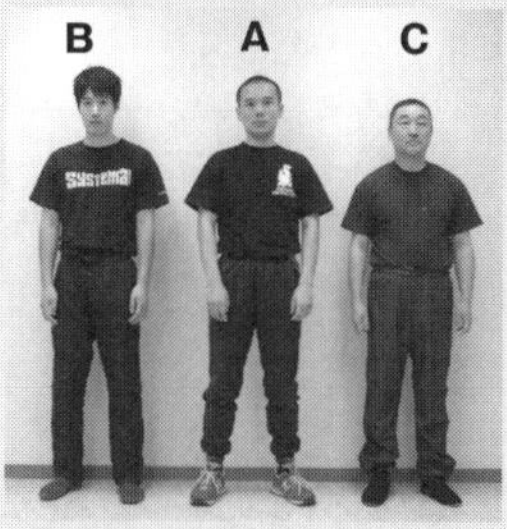

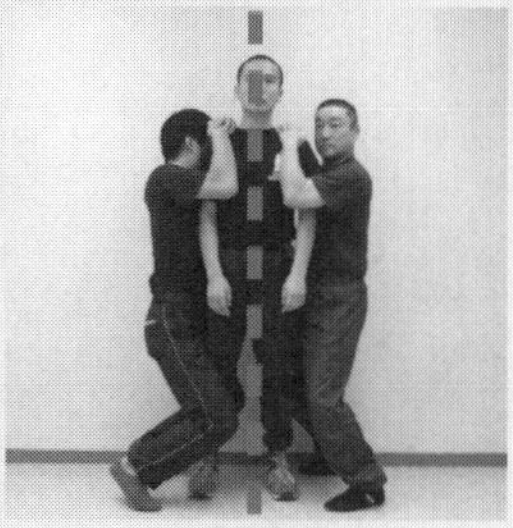
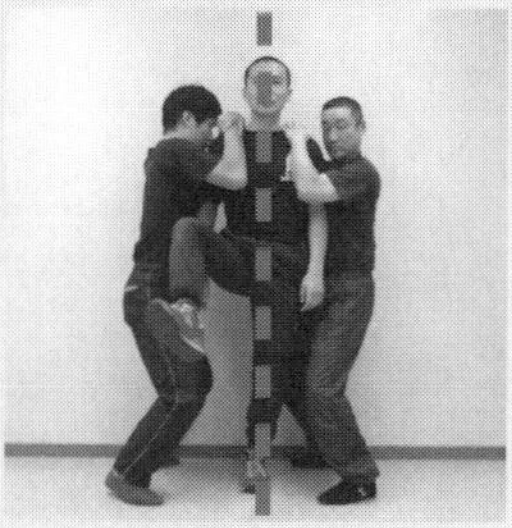

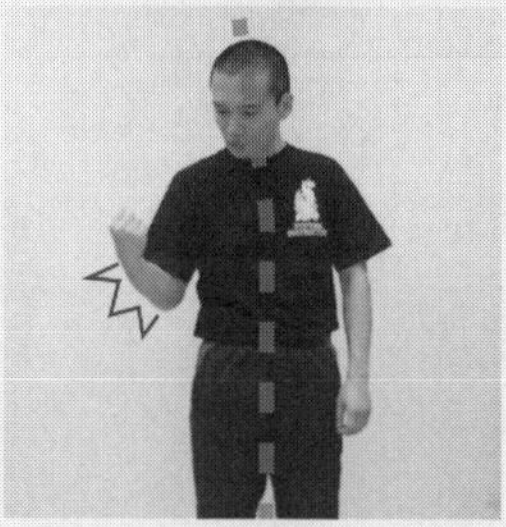

4. その感じをつかんだら、BC は A から離れます。
5. 次に A は身体のどこでも良いので筋肉を緊張させます。足を踏ん張らせたり、片腕に力を込めたりなど、どのようなものでも構いません。局所的な緊張が生じ、姿勢がわずかに歪みます。負荷が加わるとその歪みが大きくなり、最終的には立つこともままならなくなります。

6. B と C は 2. と同じように A の両肩にぶら下がります。すると今度は A は崩れたり、よろけたりしてしまったりするはずです。部分的な緊張によって姿勢が微妙に崩れ、それが原因となって BC を支えるのに必要な強度が失われてしまうのです。

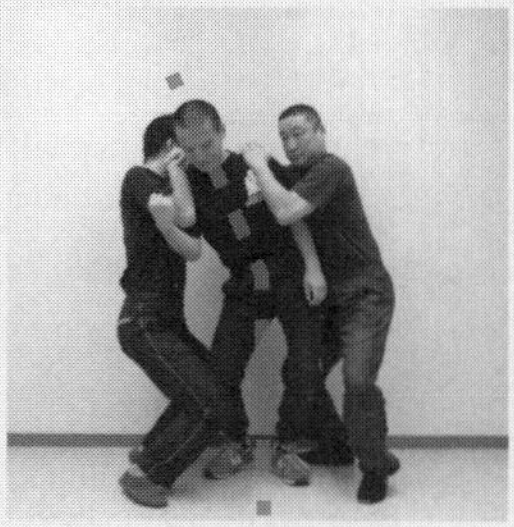
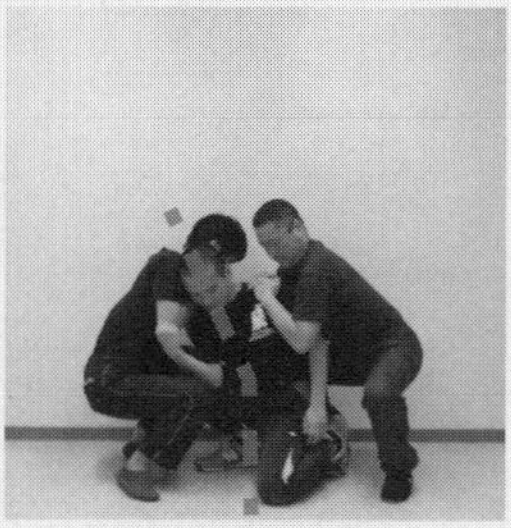

例えば棒を立てる時には倒れないように固定するやり方と、小学校の頃にホウキを手に立てて遊んだように、バランスをとって立てるやり方の2種類があります。前者は簡単ですが、それによって棒はすっかり動きを封じられてしまいます。後者では格段に難易度は上がりますが、いつでもどの方向にでも倒れることができるという自由度を備えることができます。システマで言う「真直ぐな背骨」とは、後者のイメージに近いと言えるでしょう。

ですからシステマには、あえてアンバランスな状態で行なうエクササイズも多々あります。平衡感覚を高めることで、バランスを保つために生まれる緊張を取り去っていくのです。

ちなみに２００８年にミカエル・リャブコが主催したサマー・キャンプのサブタイトルは「equilibrium（均衡）」でした。ミカエルもまたそれだけ「バランス」を重要視しているのです。身体の均衡はもちろん、怒りすぎず、恐れすぎず、喜び過ぎずといった心のバランスも大切です。心身のバランス感覚を高めることでよりリラックスし、その結果として得られる正しい姿勢。それこそが自分の力を最大限に発揮できる姿勢なのです。

自分の自然な姿勢を見つける方法

自分にとっての自然な姿勢を簡単に確認する方法がありますので、それもご紹介しておきます。

1

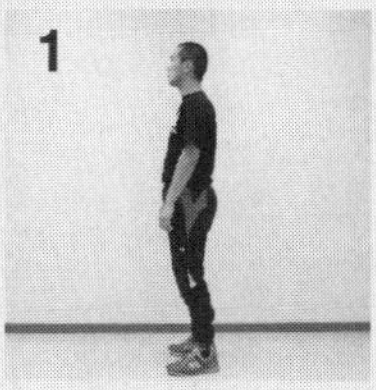

1. リラックスして立ちます。

2

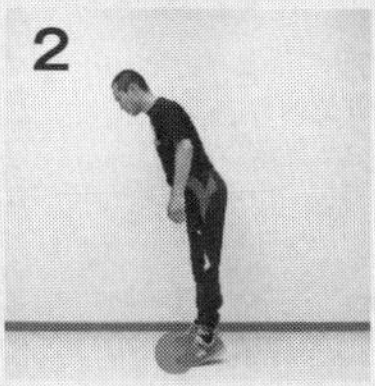

2. 心持ち前に倒れ込むようにして、重心を前に移動させます。するとつま先をはじめとする様々な部位に緊張が生まれるはずです。

3

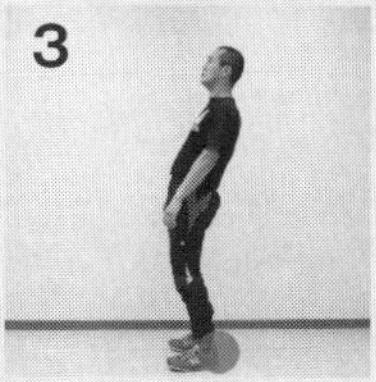

3. 次は同様に重心を後ろに移動させます。今度は異なる部位に緊張が生まれますので、それもよく感じます。

4

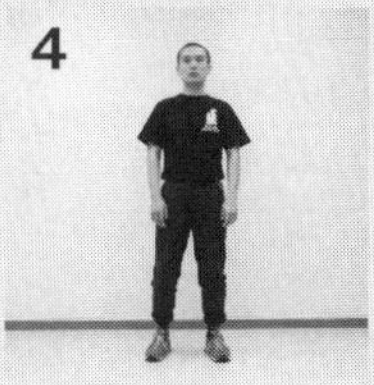

5

6

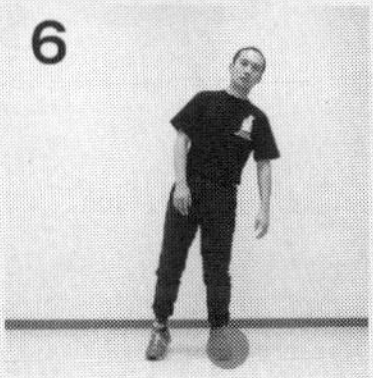

4～6. 同様に左右にも重心を移動させます。それぞれ異なる緊張が生まれるかと思います。

7

7. これら4方向に体重をズラすことで生まれた緊張が一切出てこないような重心の位置を探ってみてください。それが自然でリラックスした姿勢です。

四原則その4 「動き続ける」

四つ目に紹介する原則は「動き続ける(Keep Moving)」です。日本的に言うなら、「居着かない」という表現がマッチするかも知れません。「足を止める」つまり「居着く」ことは、それ自体が致命的なミスとなります。止まるくらいであれば闇雲に動いてしまった方がマシです。戦場であれば立ち止まった瞬間に狙い撃ちにされてしまいますし、逆に動いてさえいれば的になりにくく、例え弾に当たったとしても、急所をそれる可能性が格段に高まるでしょう。格闘においても同様です。技の練習がうまくいかない時は、たいてい踏ん張って足を止めてしまっているのです。決して踏ん張ることなく、軽く、流れるように動く。それは攻撃を受ける時だけでなく、こちらが攻撃をする時も同様です。中腰でも、しゃがんだ状態でも、寝転んだ状態でも自由に動けるようにシステマではトレーニングしていきます。

格闘技術の練習をする時、最初のうちは例え無駄な動きであっても、決して足を止めないように心がけて下さい。まずは「動きを止めない」という事を身体で覚えてしまうのです。それに慣れ、落ち着いて周囲を見ることができるようになって来たら、少しずつ小さな動きでも済むように動きを洗練させていきます。

ちょっとしたコツとしては、重心はなるべくどちらかの足に偏らせておくこと。左右の足に均等に体重が乗ってしまっては、足が地面に固定されてしまって次の動きに移りにくくなってしまうのです。もちろん、体重が乗っている軸足も柔らかく保つようにして下さい。片足立ちで目を閉じながらブリージングをするなど、バランス感覚を向上させるエクササイズによって、軸足のリラックスを高めることも可能です。

「動き続ける」という原則への理解が進めば、これが足だけでなく、心身の働き全般に関わってくることが分かるでしょう。止まらず、こだわらず、次から次へと新しい動きを生み出していく。千変万化する状況を見極め、最適な対応を最適なタイミングで実行する。それこそが「動き続ける」という原則によって求められている事なのです。

両足に体重が乗ると足がねじれる

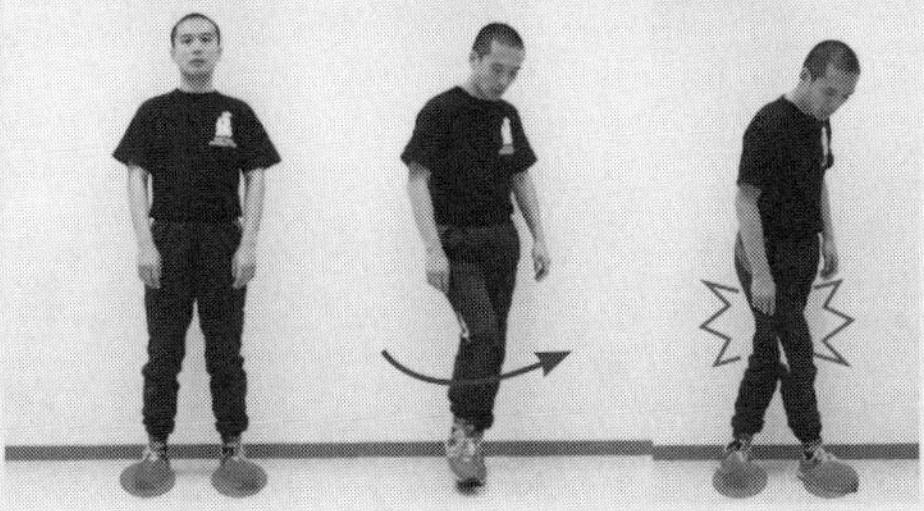

片足を浮かすと動き出しがスムーズに

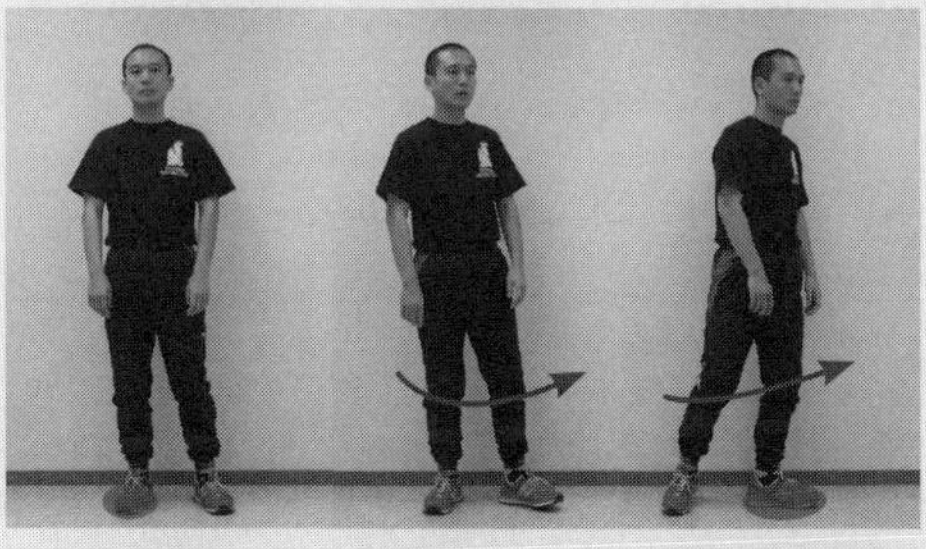

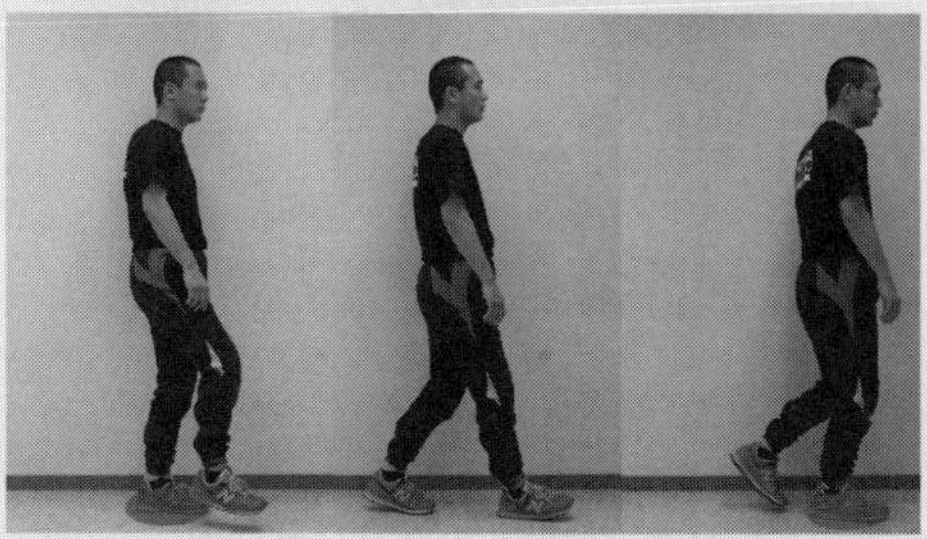

片足を踏み出す際には、軸足に体重を乗せる必要があります。両足に均等に体重が乗っていると、移動する前に体重を移す手間が生まれ、ワンテンポ遅れてしまいます。素早い動作を必要とする時には、足のもつれやふんばりの原因となります。

四原則の「連環」

「呼吸」「リラックス」「姿勢」「動き続ける」。これらの原則は、全てが有機的に絡み合っています。呼吸によってリラックスが生まれ、リラックスによって、姿勢が整い、軽く動き続けることができます。逆に足が止まってしまうと簡単に姿勢が崩れてしまいますし、姿勢を立て直そうとして余計な緊張が生まれ、思わず呼吸が止まってしまいます。そんな時は呼吸をしてリラックスすることで、姿勢も整い、再び自由な動きを取り戻すことができます。このように呼吸をきっかけにして四原則が働き出すことで悪循環を断ち切り、好循環へと切り替えることができるのです。

四原則は自分自身を見つめ直す指標として役立ちます。なにかが上手くいかない、壁にぶつかってしまったと思うような時は、たいていこの四原則のうちのどれか、もしくはいくつかがおろそかになっているといって差し支えありません。

「呼吸をしているかどうか」
「リラックスしているかどうか」
「姿勢が崩れていないかどうか」
「動き続けているかどうか」

まずはこの四つの質問を自分に問いかけることで、多くの発見が得られるはずです。

踏ん張っていると巧くいかない

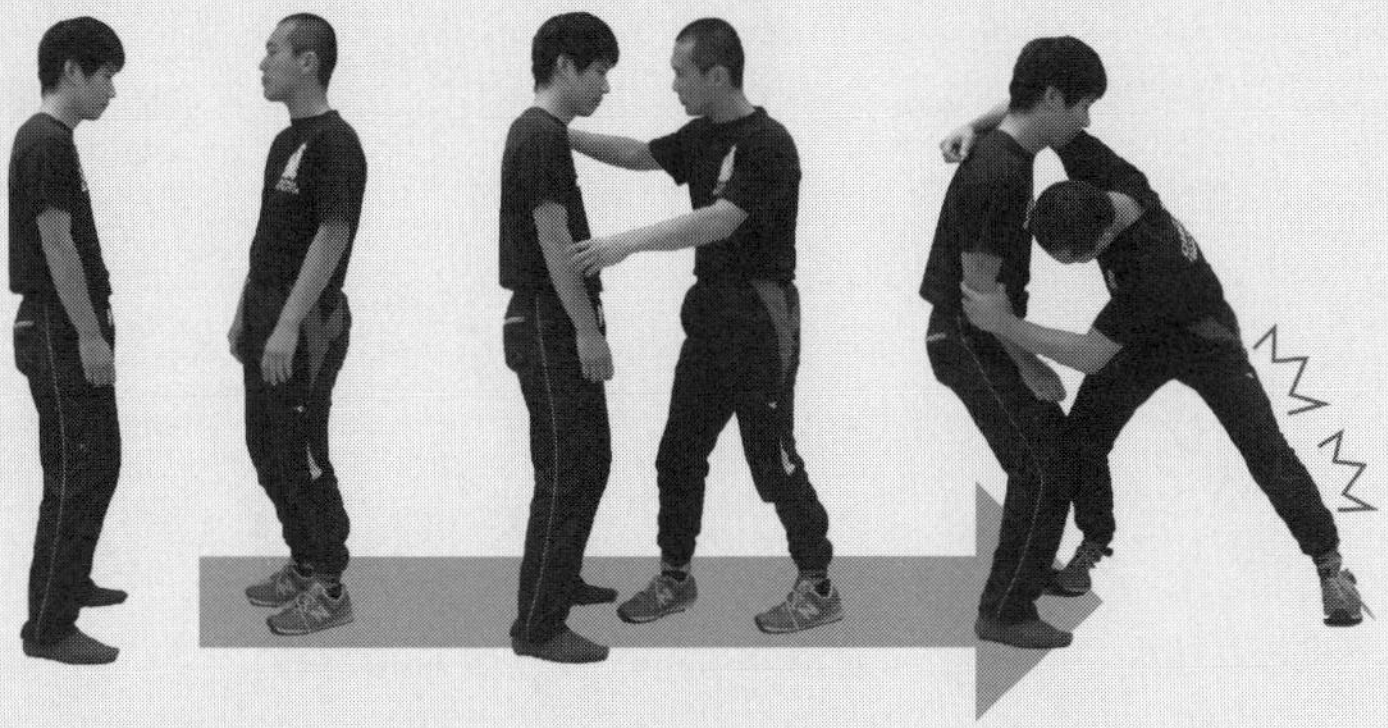

足が動いていると相手を崩すのも容易

第2章

システマエクササイズ

SYSTEMA's EXERCISE

©Benoit Caire

システマ エクササイズ

◎エクササイズで見つける「自分の型」

システマのエクササイズは一般的に行なわれている筋肉トレーニングのように、筋肉の増強を目的としていません。あくまでもリラックスのために行なわれます。しかし動きとしてはかなり似通っているために、一歩間違えると筋肉を増やすだけのあまりシステマ的ではないエクササイズになってしまいかねません。

その違いを左右するのは、トレーニングの「質」です。回数や負荷の強さは大切ではありません。もちろん、限界ギリギリの負荷にトライすることは大切ですが、それ以上にトレーニングの質を重視します。それはどれだけその練習を意識できたかによって決まります。きちんとブリージングができているか、身体の力が抜けているか、姿勢は正しいか、エクササイズの前後で身体の感覚にどのような変化が起こったか。

メンタル面においても、負荷が強くなると「もう無理だ」と投げ出したくなる気持ちや、身体が壊れてしまうのではないかという恐怖、キツいエクササイズを指示するインストラクターに対する反感など、様々な変化が生まれます。また自分の内面だけでなく周囲の状況や、対人トレーニングであれば相手の表情や姿勢、動きなども感じるようにしなくてはいけません。言ってみれば、同じ一回のプッシュアップをするにしてもその過程でどれだけたくさんの情報を得られるかが、トレーニングの質を左右するのです。

するとと自分の弱点もまたたくさん見いだすことができます。それは上達のための突破口をたくさん発見したのと同じことです。たくさんブリージングをして、その弱点を克服していくことで、とても効率よく上達することができるのです。

システマの優れたインストラクターはこうしたことを熟知しています。ですから生徒の動きを細かく修正することはほとんどありません。その代わりにその生徒自身が正解を見つけられるように導いていきます。練習においても親切心のつもりでついつい仲間にアドバイスをしたくなってしまうことがありますが、これは諸刃の刃です。そのアドバイスはその場においては役立つかも知れませんが、仲間が自分自身で答えを掴む機会を奪ってしまうことにもなるのです。

ミカエルは「自分の型を見つけなさい」と言っています。例えば山田さんなら「ヤマダ道」、佐藤さんなら「サトウ道」といったように、自分自身のあり方を確立しなさい、と教えています。なぜなら戦場などの極めてストレスが強い状況下では、誰かから学んだ知識や技術などは簡単に頭から吹き飛んでしまうからです。そうした時に本当に自分を守ってくれるのは、自分自身の中から生まれて来た「自分の型」の他にありません。

そうした「自分の型」は、自分自身をあらゆる角度から観察し、たくさんブリージングをした結果として自ずと生まれてくるものです。

◎システマのリラックス

　システマで求められるリラックスは、少し独特かも知れません。例えばカーテンを閉め切った自分の部屋でお気に入りの音楽をかけ，ふかふかのベッドに寝そべっているような状況であれば、リラックスするのは簡単です。ですがこうしたリラックスは、突発的な事件が起きたりしたら簡単に破れてしまいます。心のリフレッシュや体力の回復には役立ちますが、いざピンチに直面した時に役立てるのはかなり困難と言えるでしょう。

　人は生きて行く上で、様々な困難に見舞われます。いざという時に力になるのは、その様な時にこそ役立つ「強いリラックス」です。それこそがシステマで身につけるべき「リラックス」です。そのためにシステマではあえて緊張しやすい状況に身を置きながらリラックスしていくのです。この時に助けとなってくれるのは、「ブリージング」です。強い負荷の中で懸命にブリージングをしていると、時おりふっと身体が軽く、意識がクリアになる瞬間があります。その度に身体は少しずつ力の抜き方、より効率の良い動き方を見いだしていくのです。

　その積み重ねによって、次第に筋力に頼らない動きが身に付いてきます。例えば「波の動き」や「重さを用いた動き」、「末端からの動き」など、システマのトレーニングには様々な身体の使い方が出てきますが、それらはいずれもブリージングとリラックスによって得られる力のほんの一部に過ぎません。目新しい身体の使い方やテクニックを知るとついついそれがとても大切な「極意」のような気がしますが、そういったことは一切ないのです。むしろそうした身体の使い方にこだわることで、身体により複雑な緊張が生まれてしまうことも有り得ます。

これから様々なドリルをやっていきますが、そのいずれにおいてもあらゆる感覚を総動員し、なるべくたくさんのことを感じ取るようにして下さい。そして「きつい」と感じた時にはとにかくたくさんのブリージングによって、リラックスして下さい。それこそが強いリラックスを手に入れ、自分の型を知るためのアプローチなのです。

◎代表的なエクササイズ

1 プッシュアップ

拳を床もしくは地面に当てて行なう腕立て伏せです。やり方はブリージングとともに上下運動を繰り返す、というもの。外見的な動きは一般的な腕立て伏せとほとんど変わりませんが、目的は「上半身の上半分のリラクゼーション」です。プッシュアップによって強いパンチに必要な手首の強さを養うこともできますし、緊張しやすい腕や肩、肩甲骨などの辺り一帯に全体的に働きかけるので、システマのトレーニングでいちばん使用頻度の高いエクササイズかも知れません。基本的なやり方は次の通りです。

プッシュアップのドリル１

1. 拳を床につけ、腕立て伏せの姿勢になります。
2. 息を吐きながら、下がります。
3. 息を吸いながら、上がります。

これを適当な回数行ないます。たくさん回数をこなすことよりも、呼吸に動きが連動しているか確認しつつ、ゆっくり丁寧にやることが大切です。下がる時に息を吸い、上がりながら吐いても構いません。両方やると良いでしょう。

注意点がいくつかありますので、部位別に列記していきます。

拳：できるだけ柔らかくします。拳の中に小さな虫を捕まえ、殺さず、逃がさずにおくくらいの空洞がある程度が良いでしょう。特に接地面を緊張させないようにします。拳をぐっと握り込んでしまうと拳が角ばってしまって関節が床に当たり、痛みが強くなってしまうばかりか、腕全体が緊張してしまってパンチを打っても相手にうまく衝撃を伝えられなくなってしまいます。息を吐きながらゆっくりと拳を床に当てることで、より拳の力を抜くことができるでしょう。

接地する面は、人差し指・中指の二本でも、中指・薬指・小指までの三本でもどちらでも構いま

プッシュアップのポイント

つい両腕の負荷に気を取られがちですが、常に全身に気を配り、負荷を分散させます。特に拳を握りこみすぎると全身を「点」で支えることになって痛みが増してしまううえ、体重が自然なルートを通って床に抜けていくのを妨げてしまいます。

慣れないうちはかなりの負荷を感じますが、「筋力トレーニングではない」という意識を忘れないで下さい。呼吸によってリラックスすると同時に、体重が腕・拳を抜けてすっきりと床に伝わる感覚を大切にします。手首や肩などが力んでいたり、不適切に曲がっていたりするとトレーニングの効果が落ちるばかりか故障の原因となってしまいます。

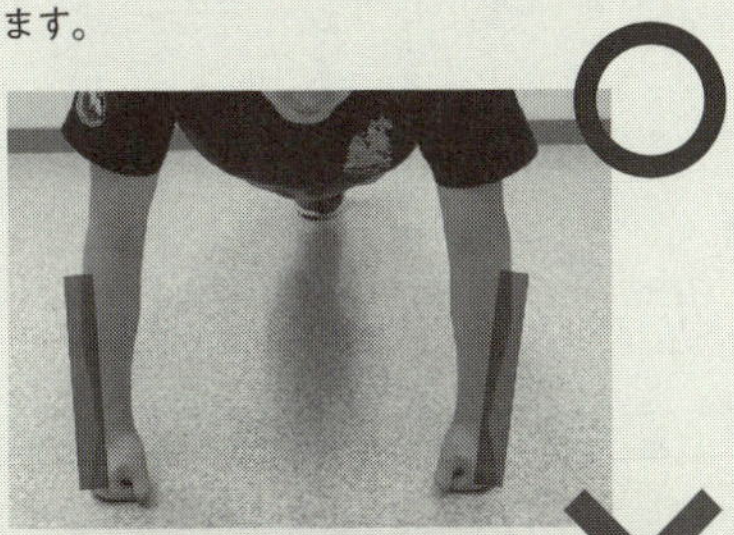

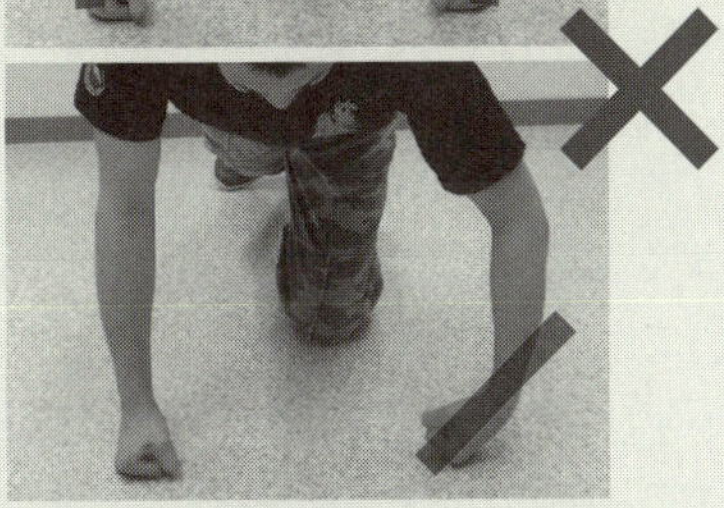

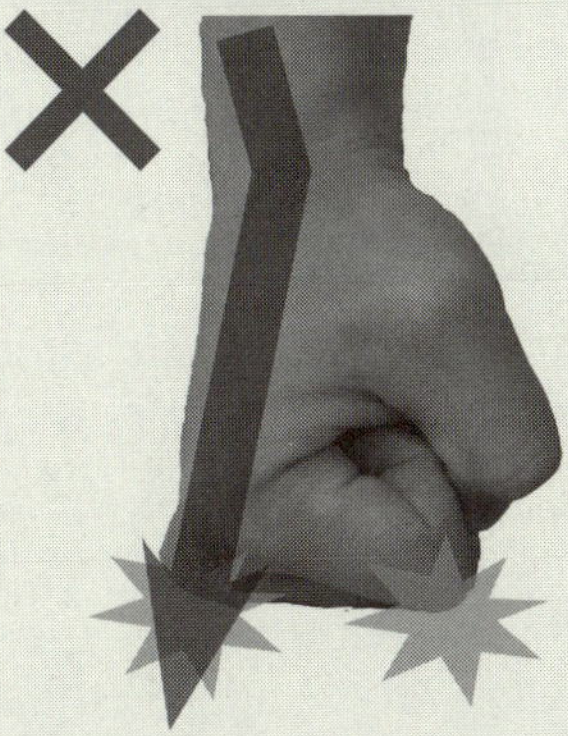

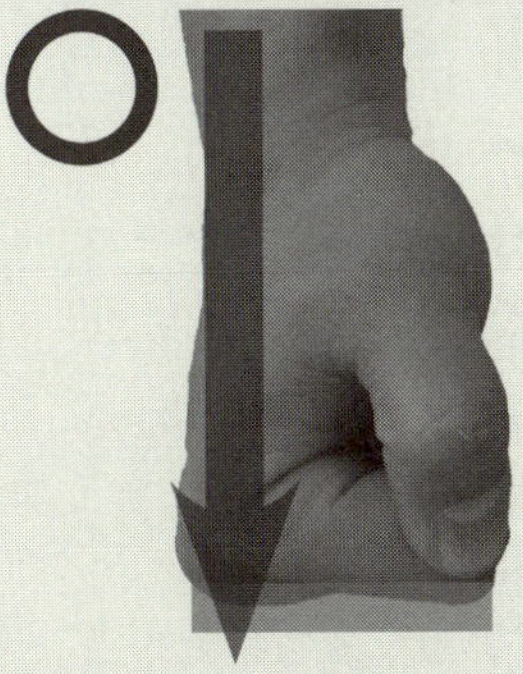

せんが、広く行なわれているのは、小指側の三本の指の背を床に当てるやり方です。接地する指だけでなく、手のひらや手の甲、親指などの力も抜くようにして下さい。システマでは拳の皮膚を厚くしたり、骨を鍛えたりして拳を強化することはありません。拳が痛くてガマンできない方や、お仕事などの都合で指を大切にしなくてはいけない方は、マットを用いたり練習のあとに軟膏を塗ったりなどのケアをされることをお勧めします。

手首：手首が曲がらないようにします。前腕から手の甲にかけて、手の甲側をまっすぐにします。しかし、手首に力をいれて真っすぐに固定するのではありません。体重が真っすぐ手首を通ることでまっすぐな形が保たれるようにします。これもまた、ストライク（システマ式の打撃技術。第3章参照）の効果を高めるうえで大切なポイントです。

手首が曲がっていると、そこで力が逃げてしまってストライクの威力がガタ落ちしてしまうばかりか、手首を痛める原因ともなってしまいます。

姿勢：四原則にある通り、背骨を真っすぐに保ちます。お尻が落ちてのけぞるような姿勢になると腰椎に負担がかかってしまいますし、逆にお尻が持ち上がってしまうと、本来、拳に伝わるべき力が腰でブロックされてしまいます。ただ身体への負担に関していうと後者の方が軽いので、どうしてもキツい時には、腰を上げて腕への負担を和らげることもあります。理想はあくまでも背骨を真っすぐに保つことですが、筋肉の緊張によって背骨が真っすぐに固定されないように気をつけます。頭を押したら自然に足にまで力が伝わるくらい力が抜けているのが理想です。

拳を床に置いてプッシュアップの姿勢になったら、身体を前後左右に動かして、体重がずしりと拳に乗る位置を探して下さい。その時、背骨は自然に真っすぐになっているはずです。そうやって拳に集めた重みは、そのままストライクの重みへと繋がっていきます。

プッシュアップは背骨を真っ直ぐにして行う

背骨が曲がると、曲がった部位に負荷が集まってしまいますので、まっすぐに保つようにします。背骨が曲がりそうなときにはブリージングを強めに行なって下さい。呼吸が生み出す力が姿勢の保持をサポートしてくれるのが実感できるはずです。

プッシュアップに熟練し、骨格の構造だけで身体を支えられるようになってくると、外部からの力が加わっても自然に抜けていくようになります。力の流れや緊張の分布、骨格の状態など、あらゆる要素に気を配りながら練習していけば、すぐにその感じをつかめます。

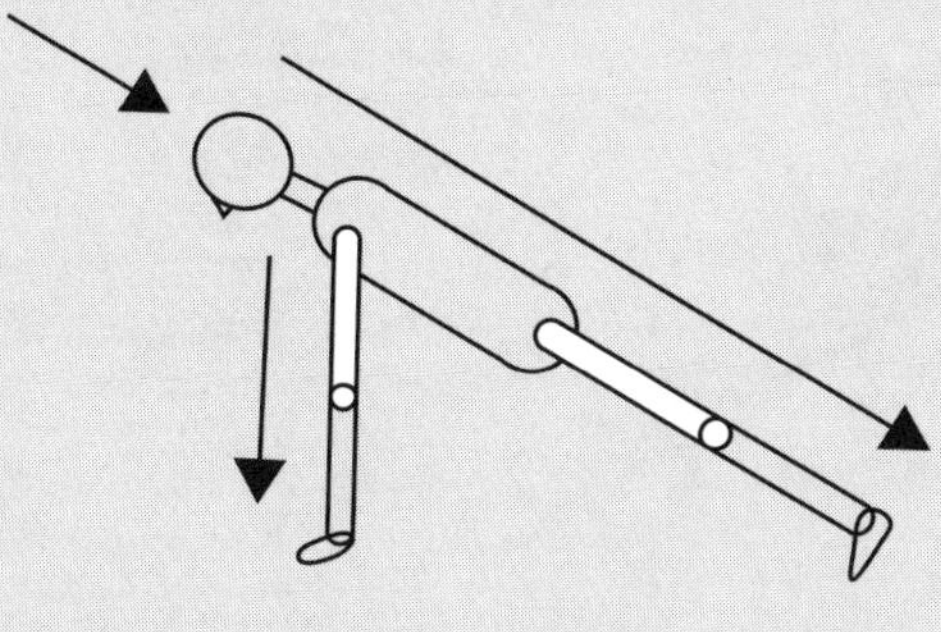

○プッシュアップのバリエーション

一見、地味に思えるプッシュアップですが、練習する人の想像力次第で無限のバリエーションを作り出すことができます。ここでは一般的なものをいくつかご紹介します。

プッシュアップのドリル2

スロー・プッシュアップ

1. プッシュアップの姿勢になります。
2. 1から20まで、できるだけゆっくり数えながら下がります。
3. 同様に、20までできるだけゆっくり数えながら、上がります。

きつくて仕方がなくなる前にバースト・ブリージングをスタートして、筋肉の緊張を解していくようにします。

上り、下りともに一定の速度を保つようにして下さい。ついスピードを速めたくなるところには必ず弱点が潜んでいますので、そういうところこそ、さらにスピードを落とし、よりたくさん呼吸をします。簡単にできる動きをいくらくり返しても成長はのぞめません。弱点に向き合い、懸命なブリージングによって乗り越えてこそ、飛躍的に身体を強くすることができるのです。

プッシュアップのドリル３

スタティック・プッシュアップ

1. プッシュアップの姿勢になります。
2. そのまま静止します。最初は３分、慣れてきたら５分、10分と時間を延ばしていくと良いでしょう。

身体に潜んでいる緊張を表出させ、解消させる上でとても有効なエクササイズです。ストレスを感じはじめたらブリージングやバースト・ブリージングで和らげていきます。筋肉ではなく骨格で支えるようにすると、より長い時間持ちこたえられるでしょう。このようにシステマでは、リラックスするためにあえて筋肉を限界まで酷使し、力が入らないようにしてしまうこともあります。

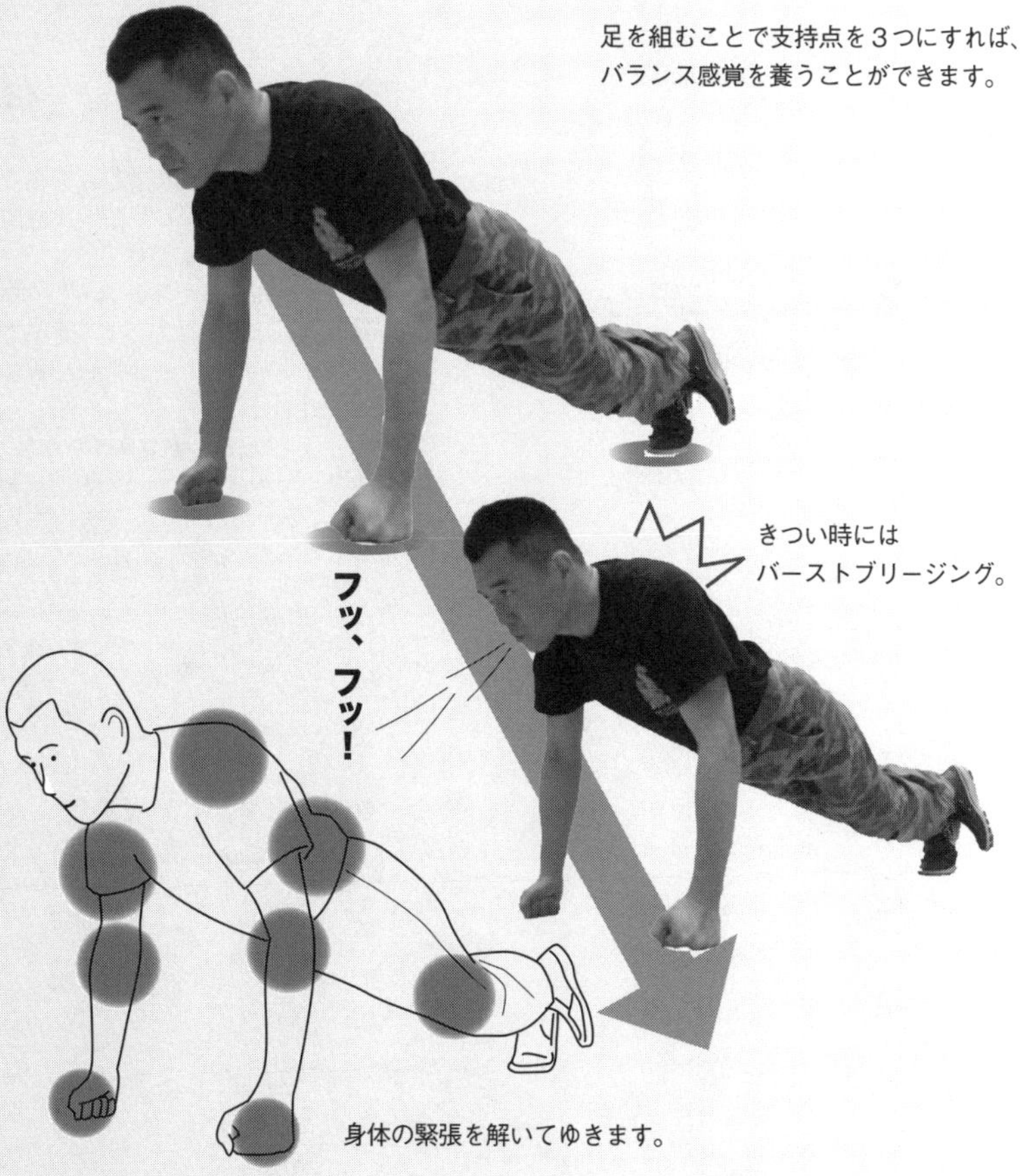

足を組むことで支持点を３つにすれば、
バランス感覚を養うことができます。

身体の緊張を解いてゆきます。

プッシュアップのドリル4

体力に自信がない人向け

体力に自信がない方や、通常のプッシュアップの姿勢をとるのが難しい方は、拳の代わりに手の平をついたり、膝をついたりしても構いません。また、イスを使ったり、壁に手をついて行なうのも良いでしょう。呼吸やリラックスといった注意点は通常のプッシュアップと全く変わりません。

また、肘や肩などに古傷がある場合のリハビリにもプッシュアップは有効です。古傷が痛み始める時点で動きを止め、バースト・ブリージングをするのです。物理的な損傷は治癒していてても、古傷に残った痛みのトラウマが緊張を生み、完治を妨げてしまっていることがあります。そうした部位は決して無理をせず、たくさんのブリージングによって少しずつリラックスさせ、トラウマを癒していくことで改善させていくのです。

プッシュアップのドリル5

パートナーと

きちんとリラックスできているかどうか、パートナーに身体を押してもらうことでチェックします。

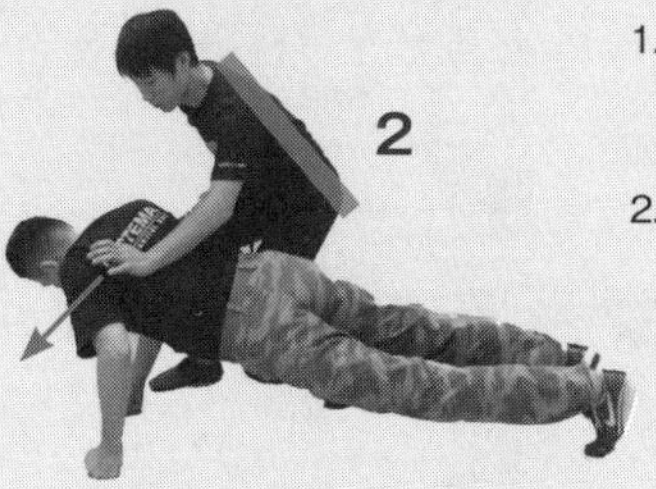

1. A はプッシュアップの姿勢になります。
2. B は A がプッシュアップしている間、A の身体の様々な部位を押します。

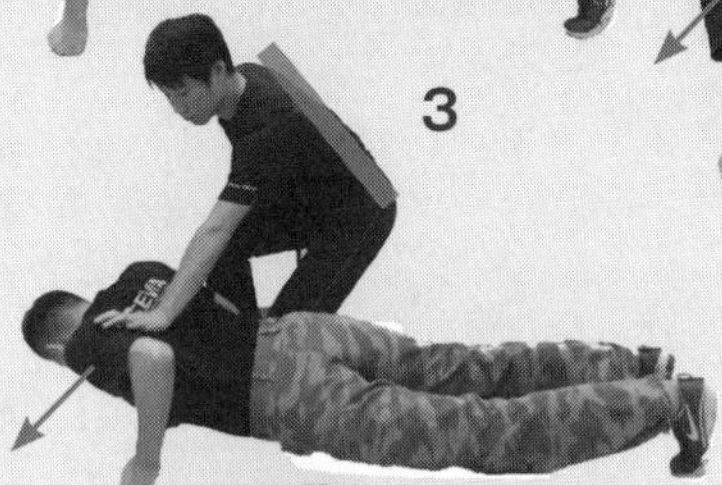

3. A はプッシュアップをしながら力を抜き、B によるプッシャーを受け流していきます。
4. 5 回から 20 回くらい行なったら、A と B が交代します。

最初のうちは受け流すために大きく動いて構いませんが、慣れて来たら少しずつ余計な動きを省き、小さな動きで間に合うようにします。

B もただ力任せに A を押すのではなく、自分の姿勢を整え、力を抜き、ブリージングとともに、相手の緊張を的確に押すようにしましょう。そうすることで相手の身体のより深いところに働きかけることができるようになります。また胴体だけでなく顔や脚、腕などもふくめ、全身チェックするようにして下さい。とはいえ圧力を加えすぎるのも良くありません。相手がつぶれずにギリギリ受け流せるくらいの強さが適当です。

プッシュアップなどのエクササイズでは四原則のうちの「動き続ける」がどのように反映されるか分かりにくいかも知れませんが、このドリルで養われるような、硬直せずに外部からの動きに対応できる状態と考えていただければ良いでしょう。プッシュアップの姿勢で固まってしまうのではなく、いつでもどんな動きにでも対応できるような柔らかさを保つようにする、ということです。それはこの後に紹介するスクワットやシットアップなど他のエクササイズでも同様です。

また、手の代わりにパンチやキック、棒やトレーニングナイフなどを使うことでこの練習の難易度をさらに高めることもできます。

足によるチェックの例

緊張の有無は、その部位が「動くか、動かないか」によって簡単に調べることができます。緊張している部位は動きが固く、鈍いものになってしまっています。そうした部位が見つかったら、そこを解すように力を加えてあげます。

如何にしてダメージを逃がすか？

衝撃を受けるとき、緊張するのはもとより、衝撃を吸収しようとするあまり姿勢を崩してしまうのも禁物です。例えばお腹に衝撃が加わった時、力が抜けていれば姿勢の崩れが局所的なもので済みますが、衝撃を吸収しようとして動き過ぎると緊張が全身に伝わって姿勢が歪んでしまいます。姿勢の崩れは、背骨がまっすぐかどうか、肩と腰のラインが平行かどうか、という目安でチェックすると良いでしょう。

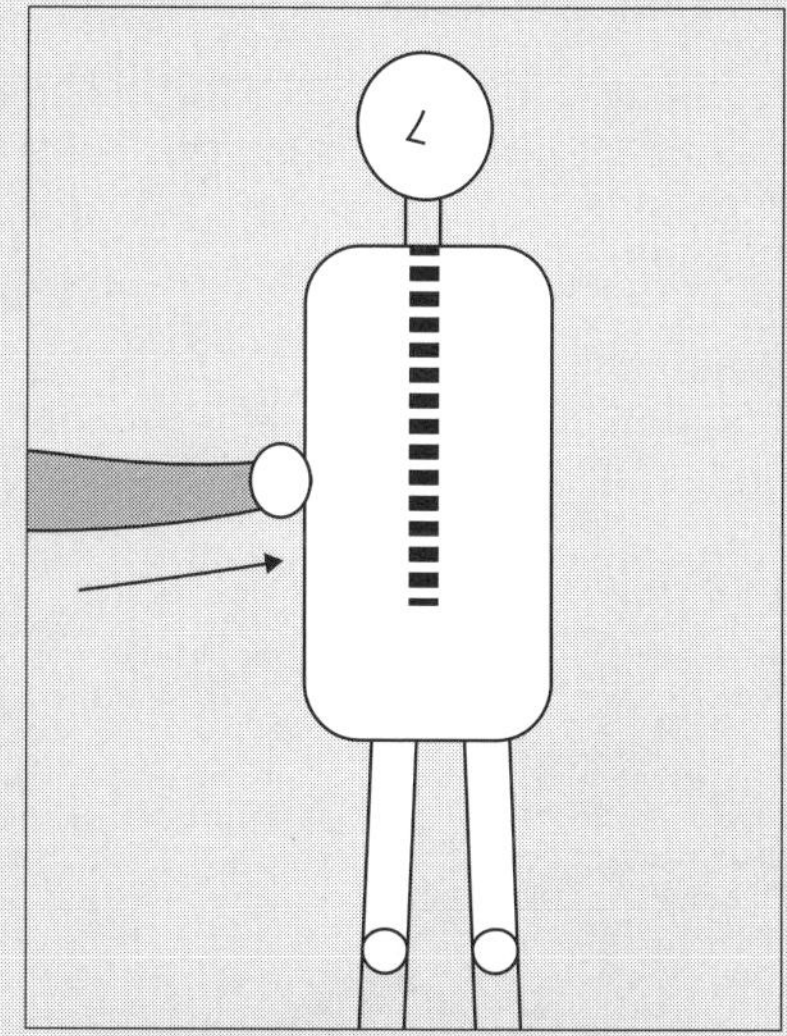

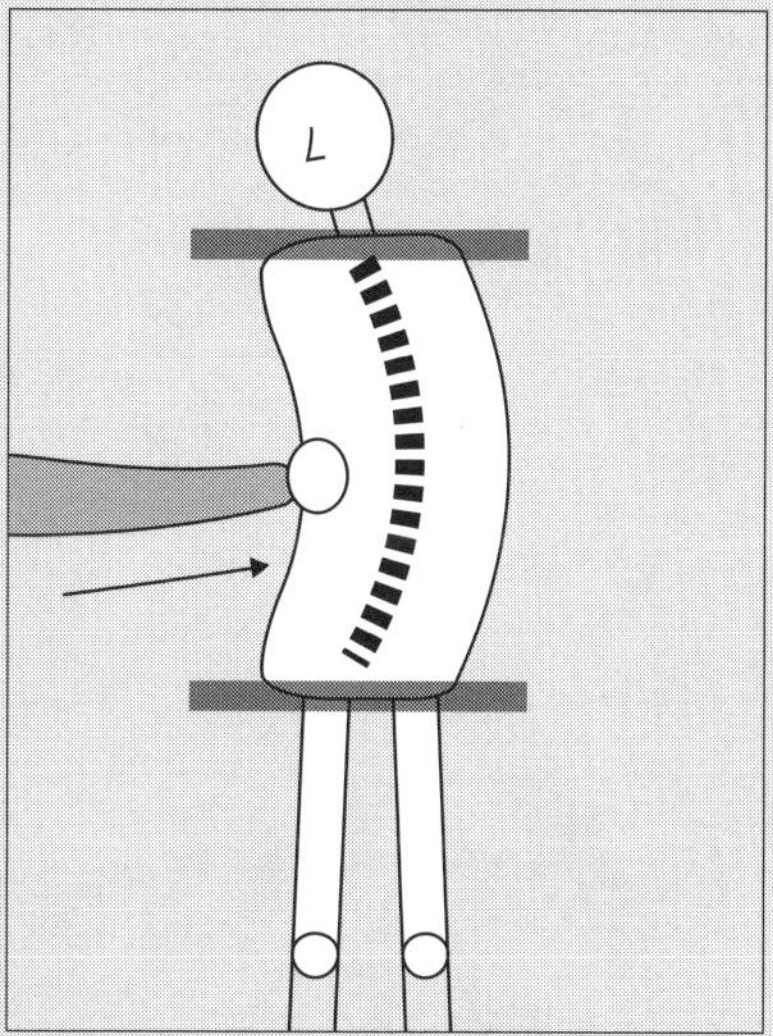

リラックスできていれば外部からの力が加わっても肩と腰の平行が保たれ、姿勢の崩れが最小限ですみます。

セミナーでミカエル氏の強烈なストライクを受けるセミナー参加者。こうしたこともここで紹介しているエクササイズを行なうことで、自然に対応できる身体となる。それがシステマのシステムたる由縁です。

プッシュアップのドリル６

フィスト・ウォーク

1. 壁側に頭を向けてプッシュアップの姿勢になります。
2. プッシュアップの姿勢のまま、拳で壁に向けて歩いていきます。
3. そのまま拳で壁を登っていきます。
4. ほとんど立ってしまう位の高さに達したら、同様にして壁を降りていきます。

これを２～３往復くり返します。

これはプッシュアップをパンチに応用するためのドリルです。うつ伏せでも、壁に向かっていても同じようにブリージングによってリラックスして下さい。

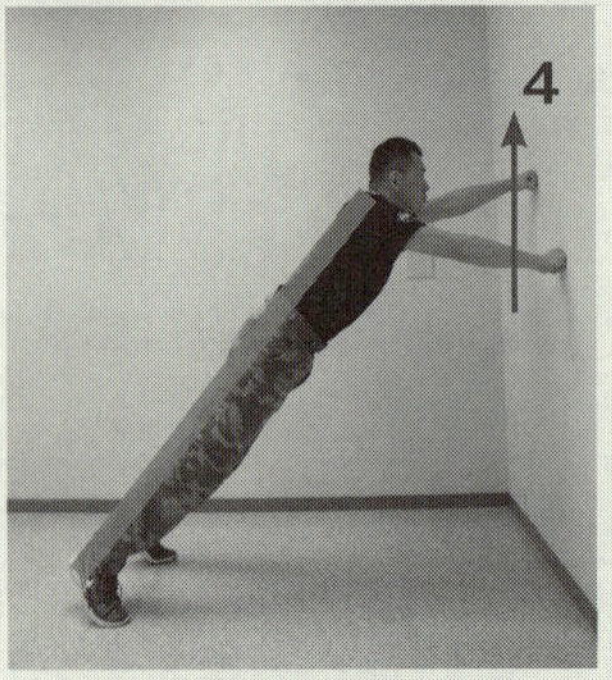

2 スクワット

これも一見すると筋力トレーニングのスクワットとまったく同じように見えますが、目的は「下半身のリラクゼーション」です。身体の土台でもあることから機動性や全身のリラックスに大きな影響を与えますので、じっくりと取り組むようにしましょう。

まずシステマのトレーニングで一般的に行なわれているスクワットをご紹介します。

スクワットのドリル1

オーソドックスなスクワット

1. 自然な足幅で立ちます。
2. 息を吐きながら腰を降ろしていきます。
3. 下がりきったら、息を吸いながら立ち上がります。

下がる時に吸い、上がる時に吸うように呼吸を逆転させても構いません。あくまでも大切なのは呼吸を止めないこと、そして呼吸に動きを伴わせることです。

○最初の立ち方

背骨がまっすぐで余計な力の入っていない立ち方です。あえて足幅を広げたり、狭めたり、つま先を「ハ」の字型に広げたりせず、自然な足幅で、膝の向きとつま先の向きが一致するように注意します。つま先が外を向きすぎたり、膝が内側に向いてしまっていたりすると、膝がねじれて靭帯を痛めてしまいます。

○スクワット中の姿勢

踵は床につけたまま、背骨ができるだけ地面と垂直になるようにキープします。ある程度以上下がるとどうしても前屈みになってしまいますが、その時も腰や背中をリラックスさせ、背骨が曲がってしまわないようにします。後ろに倒れそうになっても腕を前に出してバランスをとらないように気をつけて下さい。それによって腕や肩、首、腰などがいっせいに緊張してしまうためです。

ついつい背骨が丸まってしまう人や足があまりにも疲れてしまう人は、「鼠蹊部が折れていない」「下を見てしまっている」といった原因によって姿勢が崩れてしまっていることが多いようです。もし心当たりがあるようであれば、気をつけてみて下さい。

背中が曲がっている

つま先が外に向いている

内股になってしまっている

○スクワットの意義と効能

腰を落とす動きによって足だけでなく腰や肩、腕など全身に緊張が生じます。それらは全て、身体の動きを制限する「ブレーキ」です。どのエクササイズでもそうですが、一部の筋肉に負荷がかかると連鎖的に全身の様々な部位に緊張が生まれます。その全てをブリージングによってリラックスさせていくのです。ですからスクワットは下半身だけでなく全身のリラクゼーションであるとも言えます。

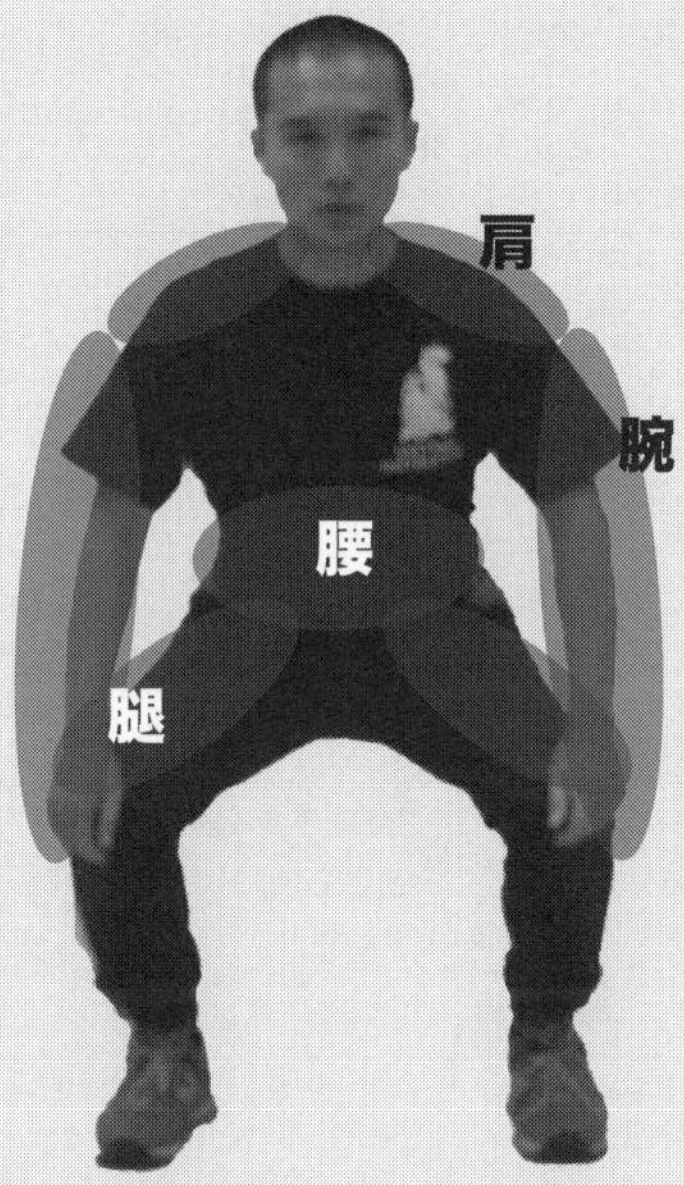

緊張する部位は全身に分布し、その全てが関連しあっています。両足だけでなく腰や肩、首、腕など、スクワットには全く関係なさそうな部位の緊張を見つけ、リラックスさせることで、スクワットがぐっと楽になることも多々あります。

○スクワットのバリエーション

スクワットもまたプッシュアップと同様、多くのバリエーションが生まれます。

スクワットのドリル2

スロー・スクワット

やり方は「スロープッシュアップ」と同じです。

1. 自然に立ちます。
2. 20カウント数えながら、ゆっくり腰を落とします。
3. 一番下まで下がったら、20カウント数えながら、ゆっくり立ち上がります。

キツくなる前にバースト・ブリージングを始めるようにしましょう。

腰が下がりきる直前と直後がもっともキツいため、ついついスピードが上がってしまいがちです。そういうところこそさらにゆっくり、さらにブリージングをすることで、すみやかに下半身を強化することができます。足腰がリラックスしてくれば、少しずつ楽になってくるはずです。

スクワットのドリル3

壁際でのスクワット

1. 足を肩幅より広めに開いて、壁に向かって立ちます。
2. 壁に両足のつま先と膝をつけ、そのまま腰を落としていきます。
3. 腰を落としきったら、再び上昇します。呼吸はブリージングでもバースト・ブリージングでも構いません。初めのうちは一番下まで腰を落とす前に後ろに倒れてしまうかも知れませんが、足腰のリラックスが進んでバランス感覚も高まることで、次第にできるようになってきます。

スクワットのドリル4

ダックウォーク

腰を落としきった状態のまま歩きます。背骨が曲がっていると太ももの前面にかなりの負担がかかりますが、上半身がリラックスし、背骨がまっすぐになっていると、足の力が抜けて楽に動けるようになるはずです。背骨をまっすぐにすることで重心がまっすぐ地面に落ち、太ももなどの筋力で身体を支える必要がなくなるためです。最初は不安定でグラグラしてしまうかと思いますが、ブリージングでリラックスしていくことで、次第に安定してきます。歩幅を変えてみたり、方向転換をしてみたり、できるだけゆっくり歩いてみたりなど、様々なやり方を試してみると良いでしょう。足のリラックスとバランス感覚を同時に養う優れたエクササイズです。ダックウォークのまま、ゲームのようにパートナーやグループで押し合って倒しあうのも良いでしょう。

・体力に自信がない方向け

足腰を故障されている方、体力に自信のない方は、イスや壁に手をついて体を支えながらやると良いでしょう。腰も落としきる必要はありません。落とせるだけの高さまでで結構ですので、負荷が高まるところでたくさんブリージングをして、身体全体をリラックスさせていきます。故障している部位に新鮮な血液を大量に送り込み、組織を活性化させることができます。

スクワットのドリル５

パートナーと

パートナーとのプッシュアップと同様です。

1. Aがゆっくりとスクワットをします。
2. BがAの身体を押します。体幹部、腕、足、顔など全身くまなく押すようにします。
3. Aは自分のペースでスクワットをしながら全身の力を抜いて、Bが与えるプレッシャーを受け流します。A、Bともにブリージングを忘れないようにして下さい。

なるべく背骨を伸ばし、肩と腰のラインが平行であるように。スクワットでは特に腰を落とした時に緊張が増加します。相手が押す力を受け入れつつも、姿勢が崩れないように注意しましょう。

プレッシャーを受け流すのは、あくまでも受動的なものです。相手が与えて来る圧力以上に動かないようにして下さい。この時、背骨が曲がってしまうとよろけたりしてしまいますので、つねに全身をリラックスさせ、背骨が曲がらないように気をつけます。難易度を高めたい時には、BはAの背骨に向けて圧力を加えるようにします。

姿勢が崩れてしまった例

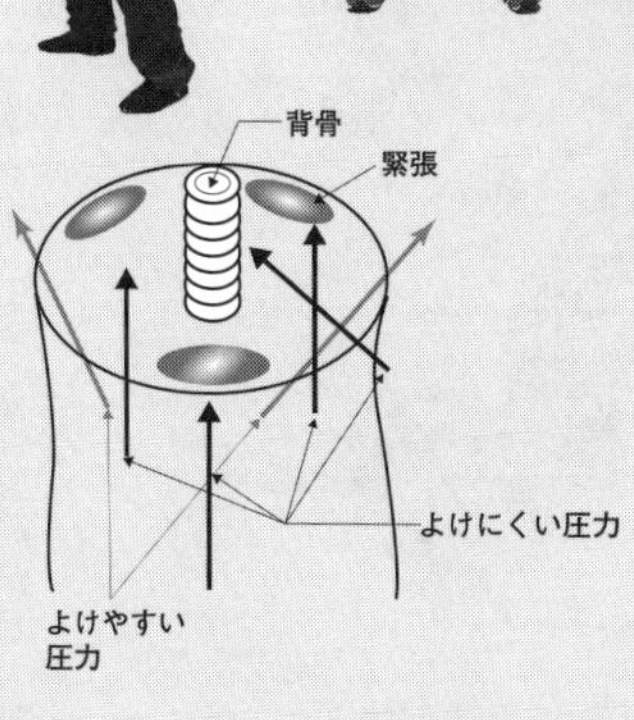

3 シットアップ

スクワットが下半身、プッシュアップが体幹のリラクゼーションであれば、シットアップは腹部から下腹部にかけてのリラクゼーションと言えます。やり方はこれもまた筋肉トレーニングの腹筋運動に似ていますが、細かなところで色々と異なります。

シットアップのドリル1

オーソドックスなシットアップ

1. 仰向けで寝ます。一般的な腹筋運動のように足を曲げたり固定したりする必要はありません。
2. 息を吸いながら上半身を起こします。
3. 息を吐きながら上半身を倒します。
   身体を倒す時も背骨を真直ぐに保ち、身体をリラックスさせます。身体を倒す際には背中と後頭部が同時に着地するように。起きる時と倒れる時で呼吸を反転させたり、バースト・ブリージングを用いたりしても良いでしょう。

○シットアップの注意点

シットアップは初めてシステマを体験した人にとって難しいエクササイズの一つかも知れません。初めのうちは上体を起こすのもままならず、起き上がろうとしても後ろにひっくり返ってしまったりします。うまくいかない時には、だいたい次のような原因が考えられます。

・腹筋で起き上がろうとしてしまっている。

システマのシットアップでは、腹部ではなく鼠蹊部が折れることで上半身全体が起き上がります。腹筋が緊張しすぎていると身体の前面が一枚の板のようになってしまって、上半身の起き上がりを妨げてしまうのです。

・肩に力が入りすぎている。

肩に力が入り過ぎていると重心が上の方に移動してしまって起き上がるのが困難になります。するとテコの原理が働いてしまって、下半身とのバランスが崩れてしまうのです。肩や胸、背中など、上半身の力をブリージングによって抜いていくことでしだいに重心があるべき位置に納まっていけば、ラクに上体を起こせるようになります。

・呼吸を止めてしまっている

起き上がりきる前に呼吸を止めてしまうと、呼吸の力がそこで途切れてしまいます。もし「これ以上は無理！」と思っても、頑張ってもう少し呼吸を延ばしてみて下さい。するともう少しだけ動くことができます。

またシットアップは初めからできる人となかなかできない人の個人差も大きいようです。システマでは他の人と比べる必要はありません。それぞれのレベルにあわせて少しずつ前進していくことが大切です。

肩に力が入っている例
肩や首、胸などに力が入ると重心が上がってしまって、起き上がろうとしても足が上がってしまったり、途中で後ろに転がってしまったりします。

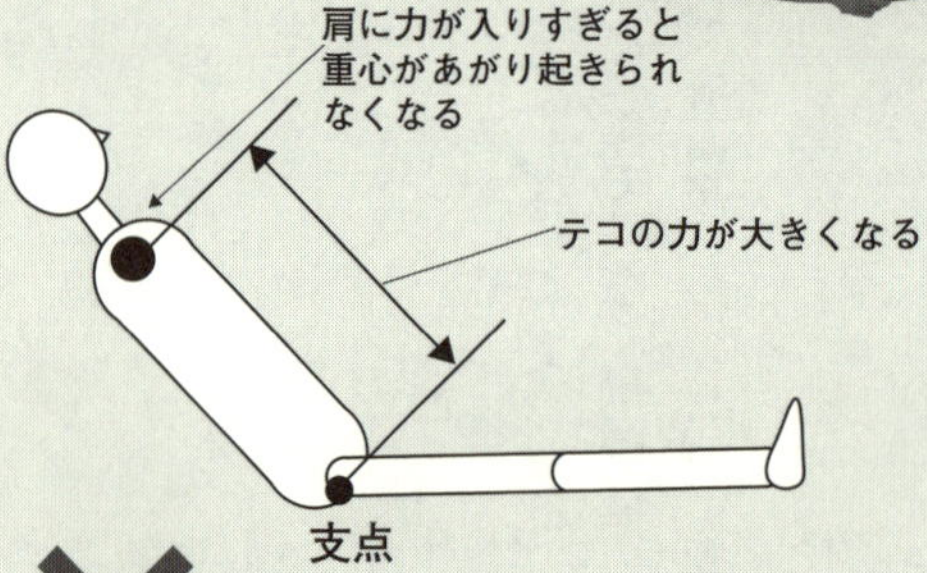
肩に力が入りすぎると重心があがり起きられなくなる
テコの力が大きくなる
支点

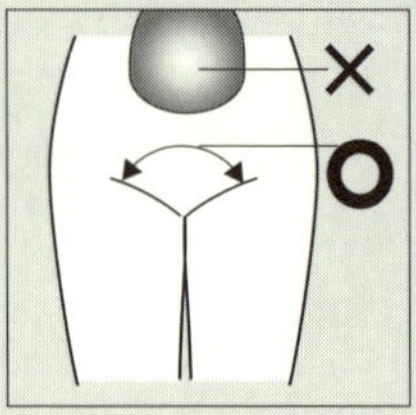

腹筋を使っている例
シットアップはいわゆる「腹筋運動」に似ていますが、「腹筋」は一切使わないようにします。腹筋の緊張によって上半身の前面が緊張してしまうと、その緊張が板のようにつっかえて上半身の起き上がりを妨げてしまいます。これらのことから、シットアップは全身をバランスよくリラックスさせ、協調させるエクササイズであることが分かります。

シットアップのドリル２

スロー・シットアップ

プッシュアップやスクワットで紹介したものと同様です。20カウントで上半身を起こし、20カウントで倒します。緊張しがちな部位をほぐすように動かしながら行なうと良いでしょう。

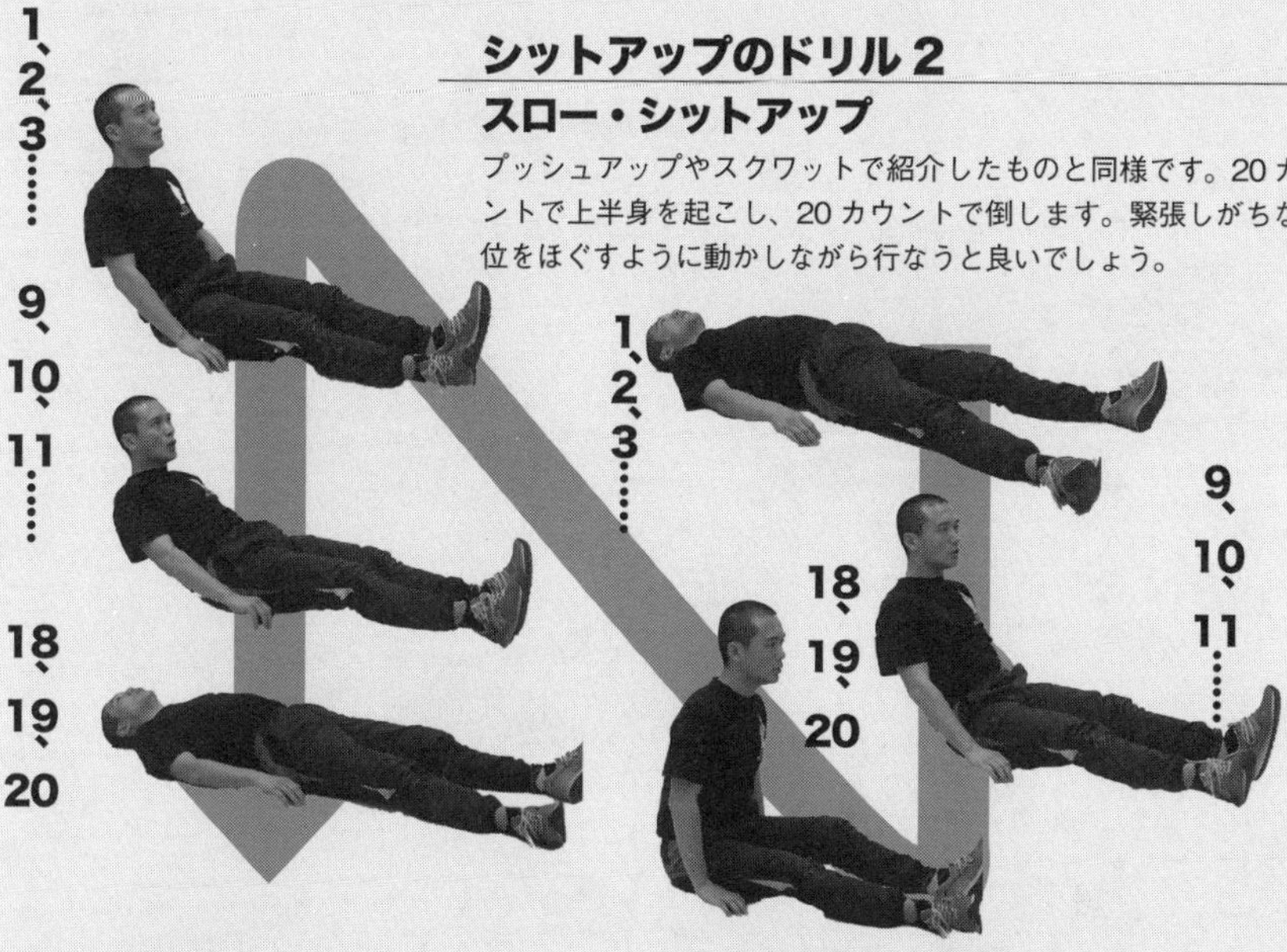

シットアップのドリル３

パートナーと１

これもプッシュアップやスクワットで紹介したものと同様です。きちんとリラックスできているか、パートナーにチェックしてもらいます。

1. Aは自分のペースでシットアップを行ないます。あまり早くならないように、10回もやればヘトヘトになる位のゆっくりしたペースが良いでしょう。
2. BはAの全身を様々な方向から押します。身体を揺することでAの緊張をほぐしてあげるようにすると良いでしょう。拳で叩いたり、ナイフで突いたりすることもあります。

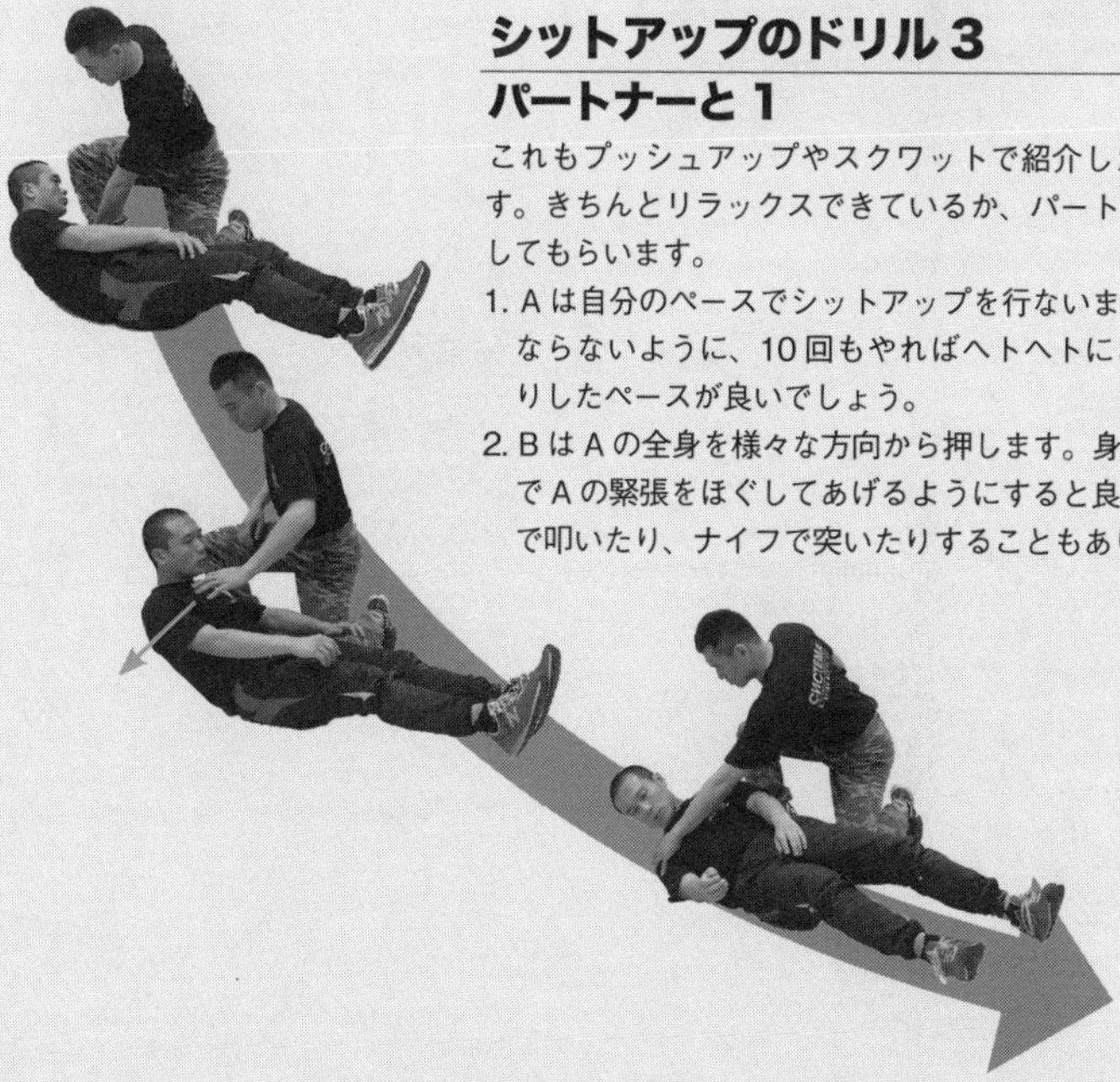

シットアップのドリル４

パートナーと２

1. ＡとＢが仰向けに並んで寝転び、お互いの身体に自分の片腕を乗せます。
2. そのままＡとＢが同時に起き上がります。

パートナーと呼吸を合わせる練習になります。

シットアップのドリル5

パートナーと3

1. A が仰向けに寝て、その傍らに B が座ります。
2. A は自分のペースでシットアップをします。B は A の緊張している部位を拳で叩きます。
3. A は B の拳による衝撃を呼吸とリラックスで逃がしながら、シットアップを続けます。

B は A がシットアップをなんとか続けられる位の強さで、A を叩くようにします。

・レッグレイズ

シットアップと同様に体幹部のリラクゼーションとしてしばしば行なわれるエクササイズです。

レッグレイズのドリル１

1. 仰向けに寝ます。
2. 息を吸いながら足をあげ、頭越しに床につま先をつけます。
3. 息を吐きながら足をおろし、再び仰向けに戻ります。

腰などが辛い場合は、無理につま先を床に着ける必要はありません。また足をまっすぐに突っ張る必要もありません。呼吸と足の重さを使って行なうのがポイントです。もちろん逆の呼吸でもやってみて下さい。

この姿勢で静止し、ブリージングをすれば、背骨全体のストレッチになります。

4 ブリージング・ウォーク

呼吸に合わせて歩くエクササイズです。主にウォーミングアップとして行なわれますが、呼吸と動作を連動させる上で非常に奥深いエクササイズです。丁寧にやればやるほどブリージングへの理解も深まりますし、日常生活にも取り入れやすいのが特徴です。

ドリルの紹介に先立って、歩き方のポイントについてお伝えします。要するに、一切緊張を作らずに歩ければ良いのですが、それもなかなか難しいので、次のようなポイントを参考にしてみて下さい。

・足の裏もリラックスさせる

歩き方が前のめりだとつま先側に緊張が起こり、その逆ではかかと側に緊張が起こります。いずれの緊張も生じなければ、足の裏全体に均等に体重が乗るのが分かるでしょう。

膝にはつっぱるような緊張が起こりやすいのですが、これもリラックスさせ、柔らかさを保ったまま歩くと、足の裏が平らに着地するようになります。ゆっくり歩いて足の

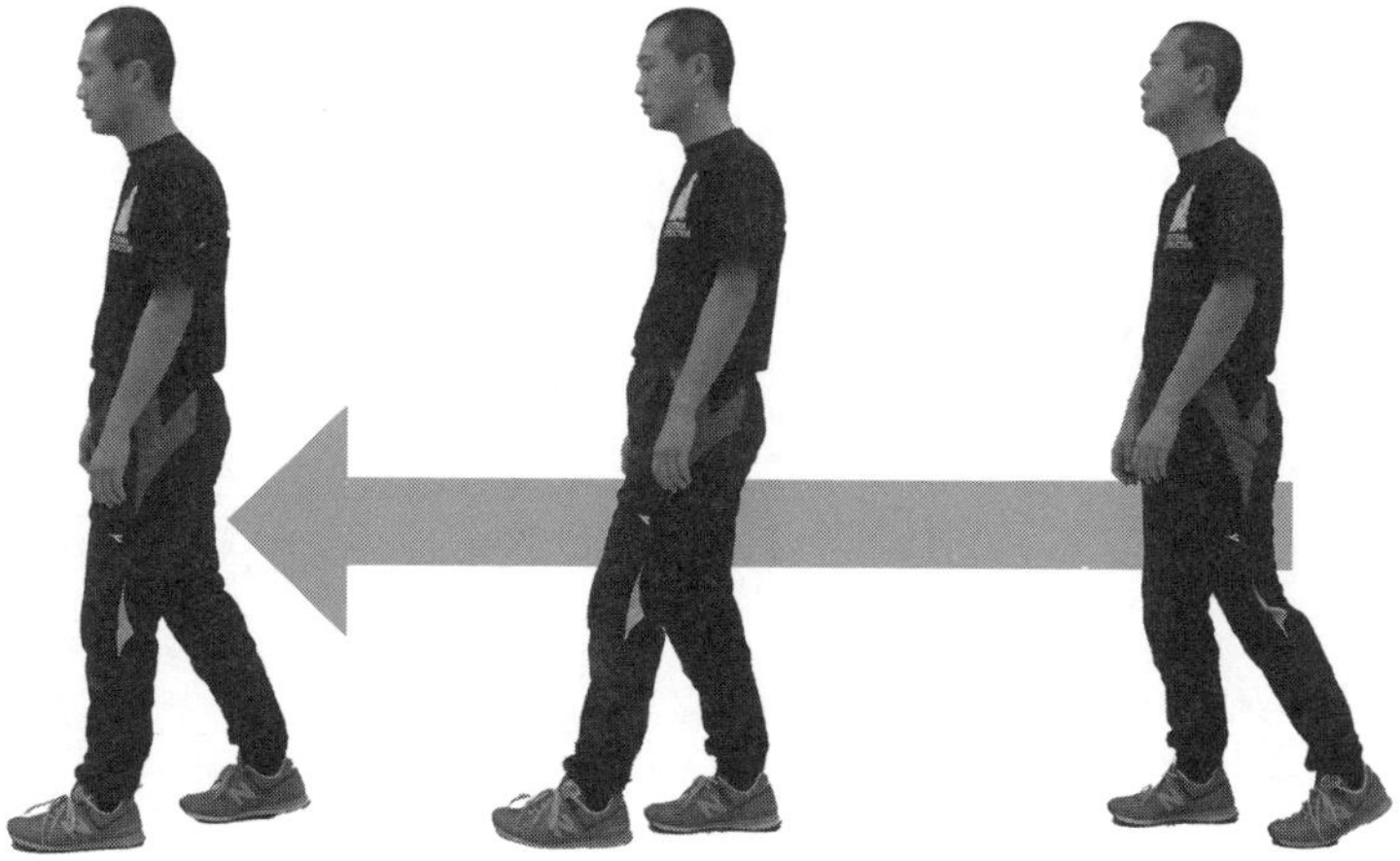

裏への重心の掛かり方を丁寧にチェックするのもとても良い練習です。

・腕や肩をリラックスさせる

腕や肩もリラックスさせ、過度に手を振らないようにします。歩く振動にあわせてぶらぶら揺れるくらいにして下さい。

○ブリージング・ウォークのバリエーション

呼吸の回数を変えたり何らかの動きを加えたりすることで、さまざまなバリエーションが生まれますので、そのうちのいくつかをご紹介しましょう。

必要最低限のエネルギーで歩くには、いかり肩や腕の振りも必要ありません。余計な動きや力みから解放することで、両腕をより自由に使えるようになります。また、腕や肩の緊張があると重心があがってしまって、姿勢が崩れる原因ともなります。ですが意図的に重心を落とす必要もありません。かえって足が重くなり、居着いてしまう原因となります。

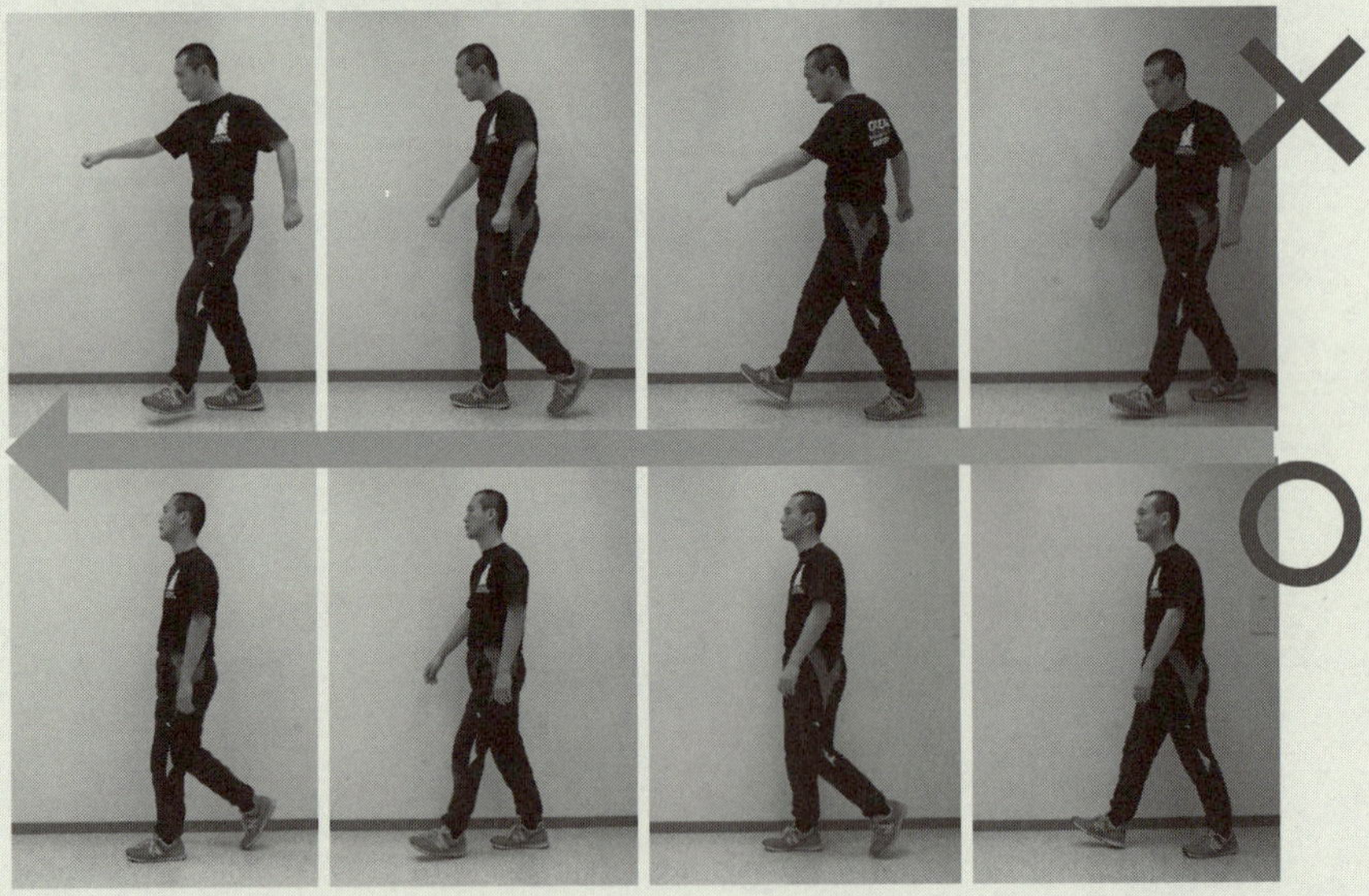

ブリージング・ウォークのドリル1

1. 一歩で息を吐き、次の一歩で息を吸いながら歩きます。呼吸に歩みを一致させ、身体全体がすっかりリラックスするようにします。腕の力も抜き、肩からダランとぶら下がるようにします。一般的な歩き方のように腕を振ることもありません。これは走る時も同様です。
2. これをだいたい十歩くらいまでやります。「フッフッフ……」といった感じで、一歩ごとに呼吸を切るやり方と、「フーッ」とつなげるやり方の二種類があります。前者はパンチを受ける時のような瞬間的な負荷を、後者はレスリングで相手に上に乗られた時のような、継続的な負荷を軽減するのに役立ちます。最初は呼吸をスムーズにつなげるやり方で練習し、身体の力を抜く事に専念すると良いでしょう。
3. 次は同様にして歩数を減らしていきます。一歩で吸って一歩で吐くところまで戻って、おしまいです。

十歩くらいになると辛くなって来るかも知れませんが、吸いすぎや吐きすぎは負荷を高める原因となります。「苦しくならないように」とたくさん吸いすぎるとかえって余計な緊張が生まれ、酸素の消費を早めてしまうのです。自分にとって無理のない適切な呼吸量はどのくらいなのか、身体をよく感じながら見極めてみて下さい。それを確かめるために、たまにあえて呼吸を深めにしたり、浅めにしたりなどの実験をしてみるのも良いでしょう。

・途中で小走りやダッシュを加える

速度の変化や呼吸の乱れによって生じる緊張、乱れた呼吸の整え方など、ただ歩くだけとはひと味違った発見があります。

・吸う歩数と吐く歩数をずらす

例えば「一歩で吸い、五歩で吐く」といった感じで、あえて変則的な呼吸を行なうのも、呼吸をコントロールする良い練習になります。

・手を挙げながら

手を頭上に上げたり、前方や左右に伸ばしたりしながら歩きます。こうすることで肩や腕、腰などに新たな緊張が生じますが、それらも呼吸によって抜いていくようにします。

ブリージング・ウォーク

ブリージング・ウォークでは、呼吸に歩きを伴わせるようにし、双方がバラバラにならないように気をつけて下さい。一歩ごとに呼吸が切れてしまったり、吸い始めや吐き始めが強くなったりしないように、なめらかに呼吸をします。

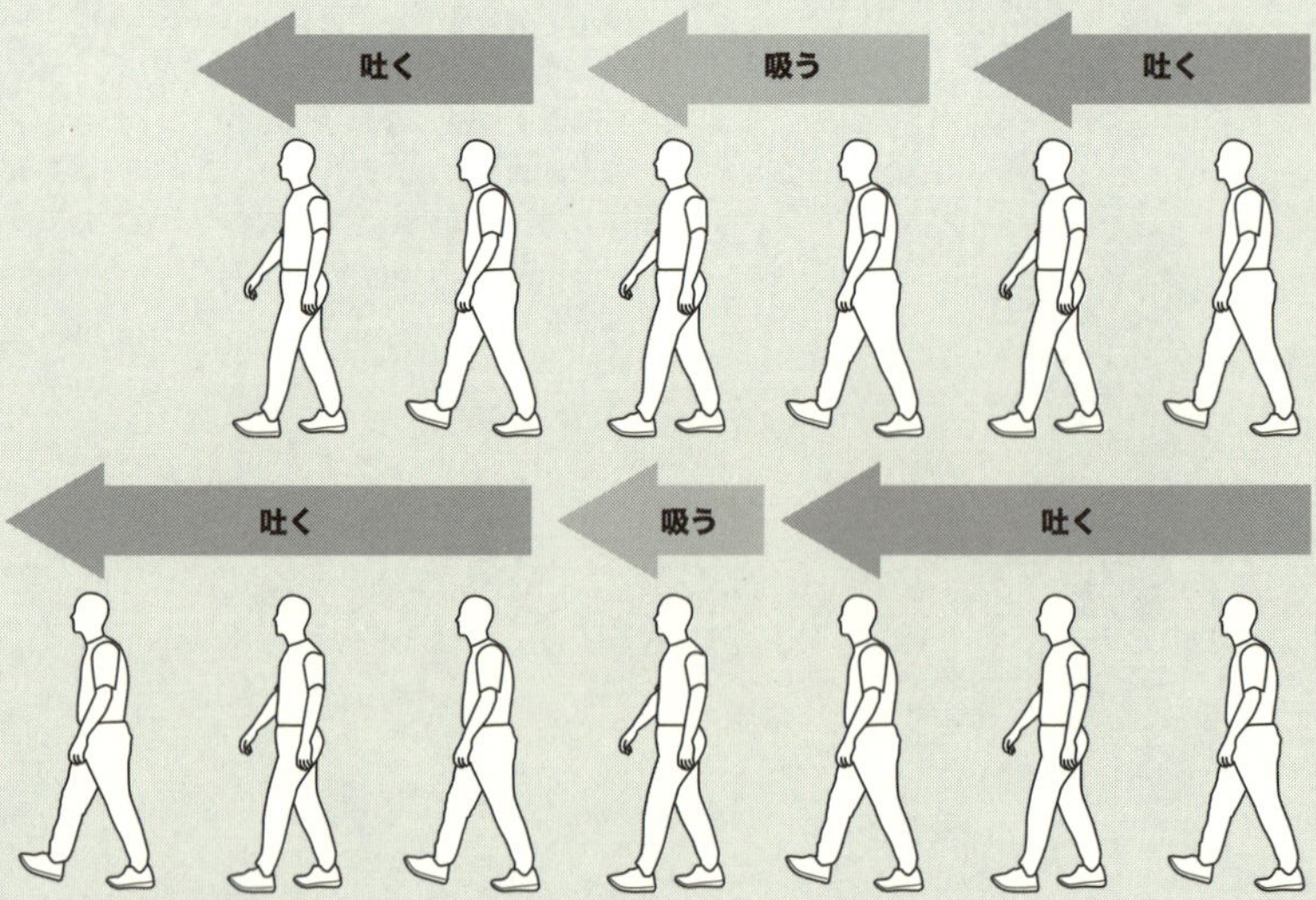

様々な歩き方で緊張を感じて歩く

手の位置を変えることで、普通の歩き方とはまた異なる緊張が生じます。そういった緊張を一つずつ見つけては呼吸でリラックスさせていくことで、全身の緊張がまんべんなく解消されていきます。

・様々な歩き方で

後ろ向き、横向き、ダックウォークなど様々な歩き方で行ないます。歩き方が変化すれば緊張もまた変化します。また目を閉じて歩くこともあります。いずれの場合も、立って前に歩くのと同じくらい楽に、リラックスして歩けるようにして下さい。特に後ろ向きにスムーズに歩けるようにしておくと、格闘術において大きなアドバンテージになります。

・スクエアブリージング

吸気と呼気の間に「息を止める」というプロセスを挟みます。「吸って↓止めて↓吐いて↓止めて……」という四段階となることから「スクエア（四角形）・ブリージング」と呼ばれています。

これを走りながら、または十歩以上の長めのペースなどでやるとなかなか辛くなりますが、呼吸量を調節したり身体の力を抜いたりすることで、なんとかやり遂げて下さい。一定の速度で静かな呼吸を保つようにします。

ちなみにスクエアブリージングをプッシュアップやスクワットといったエクササイズと組み合わせることもできます。この場合は、「吐きながら一回、止めて一回、吸いながら一回、止めて一回、吐きながら二回、止めて二回……」といった感じで五回までやったあと、四回、三回と戻っていくのがオーソドックスなやり方です。体力のある人は一回～十回～一回という風にやってみても良いでしょう。

方向転換も自然に

前進だけでなく、後退、横歩き、右折、左折、Uターンなど、どんな歩き方であっても前進している時と同じ速さで、同じように自然にできるようにします。歩き方の変化によってどのような緊張が生まれるか、つぶさに観察することが大切です。

5 ローリング〜システマ式受け身〜

ローリングとはシステマ式の「受け身」です。ローリングは転倒時の怪我を防ぐだけでなく、倒れることへの恐怖を緩和したり、低い姿勢での移動をスムーズにしたりなどの実に様々な効果があることから、システマのトレーニングにおいてとても重要な位置を占めています。

ここでも重要なのは「呼吸」と「リラックス」です。倒れる時や転がる時は立っているとき以上に息を止めてしまいがちですので、つねにブリージングを心がけるようにします。また、リラックスしていないと身体が地面にゴツゴツとぶつかってしまって、打ち身や切り傷などのケガを負うリスクが高まります。お餅のように柔らかく、ふんわりと床の固さを受け入れてローリングできるようになれれば良いでしょう。そうすれば凹凸のある地面の上でも身体を痛めることなく、受け身をとれるようになります。

早く上達するためのポイントは「ブリージング」、「固い床の上で練習を始めること」、そして「できるだけゆっくりやること」。柔らかい床の上でしか使えないようなローリングには意味ありません。むしろ柔らかいところでの練習は悪いクセがついてしまいかねないので、できるだけ固い床で練習を始めた方が良いでしょう。始めは辛いかも知れませんが、この方がミスや緊張を痛みとして自覚しやすいですし、固い床への恐怖心も速やかに解消することができます。またシステマのローリングでは、でんぐり返しのように一方向にゴロリと転がるのではなく、例え転がっていった先に危険物があってもサッと方向を変えられるように、常に自分の動きをコントロールし続けなくてはいけません。それをできるようにするには、できるだけスピードを落として、ゆっくりとした動き

ローリングのコントロール

右の良い例では身体全体が柔らかく丸まり、回転速度をコントロールできていますが、左の悪い例では腰や足に緊張があるため、速度をコントロールできておらず、床に身体を打ちつけてしまっています。初めは難しいかも知れませんが、回転しながら自分の緊張を見つけ、ブリージングによってリラックスしていくようにして下さい。

あえて障害物を置いておくのも良い練習になります。
回転スピードを均等に行います。
なんとか障害物をよけていますが、緊張があるため“ゴロン”と加速して体を打ち付けてしまっています。

で練習をするのが近道です。

実際にやってみると意外に難しく感じることと思います。慣れないうちはスピードのコントロールがままならず、どれだけゆっくり回ろうとしても、ついゴロンと転がってしまうものです。そうした時は、ゴロンと転がりそうなギリギリ寸前の姿勢をキープし、たくさんブリージングをするようにして下さい。すると少しずつ背骨が柔らかくなり、思い通りの動きができるようになっていくはずです。

初めのうち、ローリングの練習はきつく感じられるかも知れませんが、いずれ上達すると、まるで泳ぎまわるように地面の上をらくらく移動できるようになります。

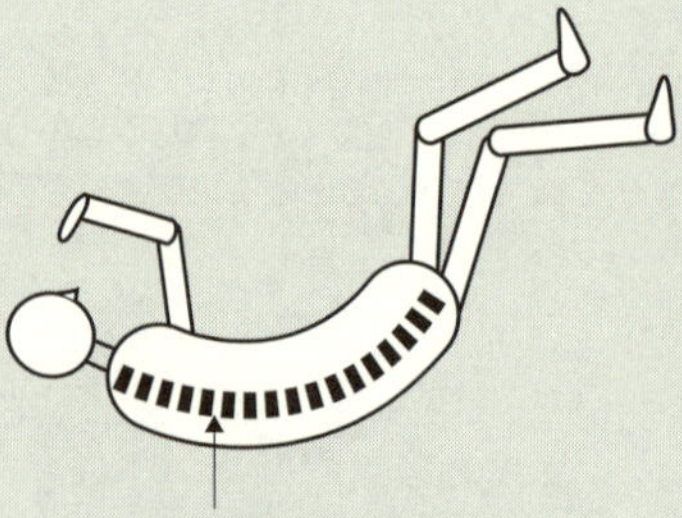

背骨がやわらかいと自分の動きをコントロールできます。

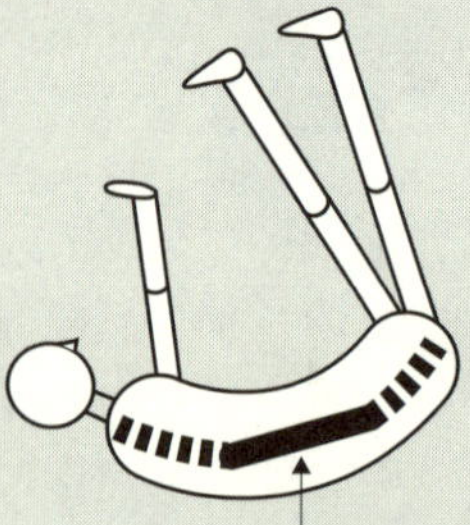

背骨の周囲に緊張があると、うまく丸まらずにコロンとしてしまいます。

立ったところからのローリング

立ったところからのローリングは、特に下半身を柔らかく使うことが大切です。足腰が緊張して伸びきったままだと、上半身が床から離れてしまって落差が大きくなってしまうためです。足腰が柔らかければ楽に上半身を床に近づけることができ、落下による衝撃を最低限にすることができます。また、写真では少し分かりにくいですが、膝を床に打ち付けないように注意して下さい。膝を痛める原因となってしまいます。

ヒザは付けずに行ないます。

ローリングのドリル１　ウォーミングアップ

ローリングの練習に先立って、まずは床の感触に慣れるためのエクササイズを行ないます。床に寝転び、身体を伸ばしたり、ひねったり、曲げてみたりと自由に動かして身体の力を抜いていくのです。息を吸いながら好きなようにストレッチをして、息を吐きながらリラックスするようにすると良いでしょう。寝床で思い切り伸びをしているような感じですね。この時、床の固さや冷たさなどをよく感じ、その感触を身体に良くなじませていくようにします。

ローリングのドリル2　後ろへの転倒

システマの練習でもかなり使用頻度の高い倒れ方です。前から強い力で突き飛ばされた時や、足を払われたりした時などに使われます。

1. 片足を前に軽く投げ出し、その勢いに乗るようにして軸足でしゃがみます。
   この時、同時に片手で後頭部をカバーするようにして下さい。これは予期せぬ衝突から頭部を守るためです。
2. 床にお尻をつけ、背骨を固めることなく、柔らかく床に倒れます。

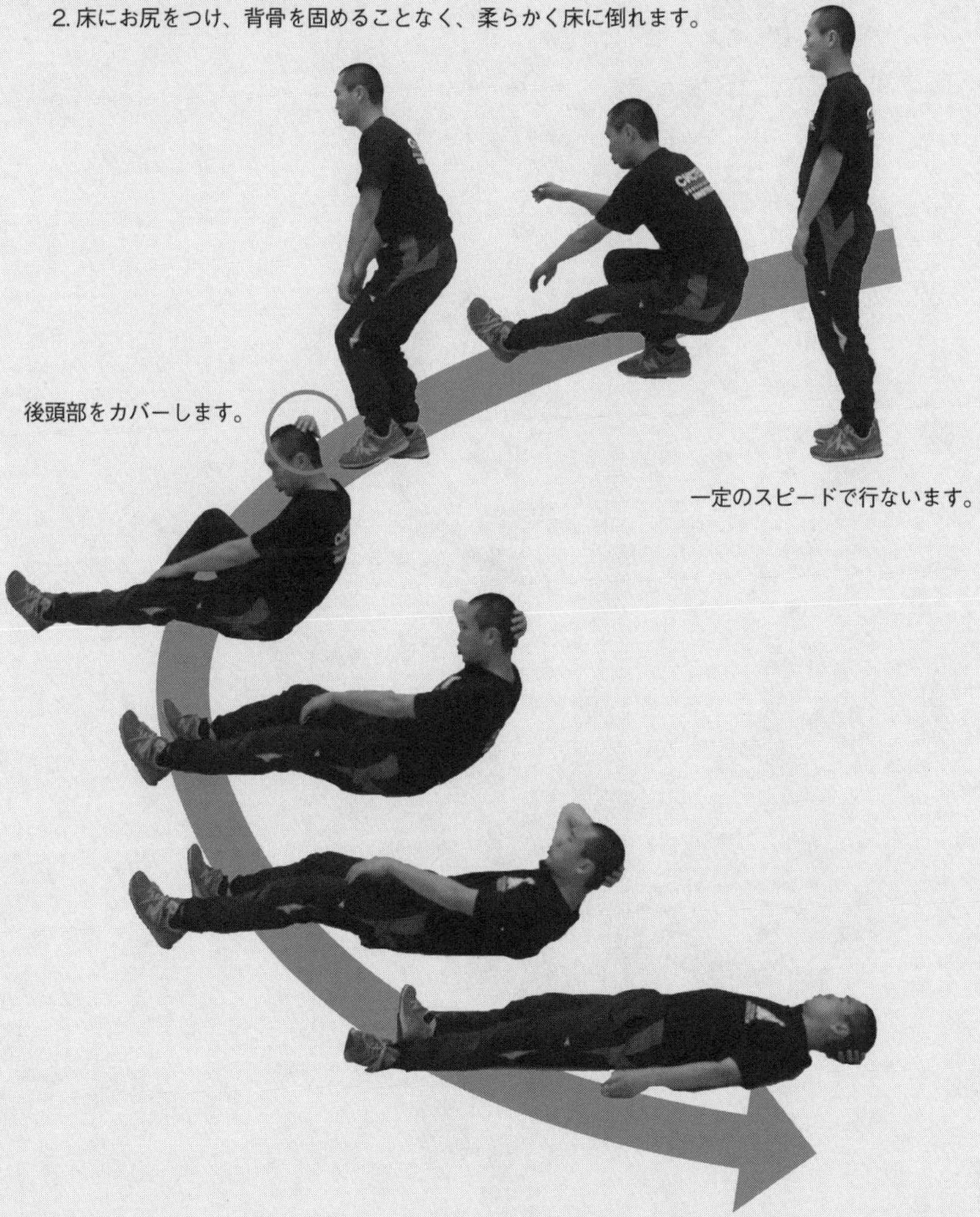
後頭部をカバーします。
一定のスピードで行ないます。

膝と鼠径部が充分曲がっているので、足がクッションとなって尻餅をつくことなく、倒れることができています。お尻を踵につけるようにするのがコツです。

下半身を柔らかく使うことで、落差がなくなり、落下することなく倒れることができます。

尻餅をついてしまっている例です。膝と鼠径部に緊張があり、充分曲がりきらないまま後ろにバランスが崩れているため、床とお尻の間に落差が生まれてしまっています。お尻への衝撃は背骨を伝って脳まで伝わってしまうことがあるため、注意が必要です。

ヒザと股関節が曲がりきっていないので、落差が生じています。

ローリングのドリル3　パートナーとのローリング

AがBの脇に立ち、Bの片足を大きく蹴り上げます。BはAに蹴られた足の力を抜くことで衝撃を逃がしつつ、その勢いに逆らわないようにして軸足を曲げ、あお向けに倒れていきます。Aは力を抜いた勢いで足を振り抜くようにして下さい。また、Aは写真のようにBの肩に手を置いておくと、自分のバランスを崩すことなく、よりリラックスしてBの足に力を伝えることができます。

ローリングのドリル4　前回り

システマのローリングは、倒れた時のケガを防ぐためだけでなく、移動手段としても使われます。前回りと後ろ回りはその中でも代表的なもの。骨ではなく筋肉のついている部位で柔らかく床に接するようにし、勢いを使わず、つねに回る速度をコントロールします。特に背骨を床に打ち付けないように気をつけて下さい。

ローリングのドリル5 後ろ回り

後ろに転がったときに足を伸ばせばそのまま伏せることができますし、膝を胸に引き寄せておけば、そのまま立ち上がることもできます。両方できるようにしておくと良いでしょう。

まずはゴロンと転がってしまっても良いので、ローリングの形を身につけ、それに慣れたら少しずつゆっくりとできるようにしていきます。背骨が一つ一つ順々に倒れていくようなイメージです。初めのうちは動きに慣れないのと背中の緊張が邪魔をしてなかなかうまく行きませんが、ブリージングによって少しずつ身体が解れてくれば、楽にできるようになります。

ローリングのドリル５　パートナーと

1. A は軽く膝を抱えるようにして座ります。
2. B は A を足で押します。
3. A は B からの力を吸収し、それを利用して動きます。
4. B は再び A を踏んでいきます。表面的に蹴るのではなく、力の方向が相手に分かるようにゆっくり重く踏み込んで下さい。
5. A は呼吸によって身体をリラックスさせながら、B の力を利用して動きます。自分から動くのではないことに注意して下さい。恐怖心や緊張が募るようであれば、目を閉じるのも良いでしょう。

首を痛めてしまわないよう、B はくれぐれも A の背骨や首を蹴らないように気をつけて下さい。相手のレベルを見極めながら、強すぎず、弱すぎず、力やペースを加減します。

ローリングのドリル６　ローリング・キック

ローリングによる回転力をキックとして使う練習です。キックのためと言うよりもキックをしやすい位置にうまく転がっていけるよう動きをコントロールしていくのが目的です。

1. Ａは軽く膝を抱えるようにして座ります。
2. その周囲に３人～５人くらいがＡを中心に適当な距離をおいて座ります。
3. Ａはローリングをしながら周囲の人達を蹴っていきます。一人ずつ蹴る度に動きを止めるのではなく、ゆっくりでも連続した動きで続けて蹴るようにして下さい。くれぐれも呼吸を忘れないように。

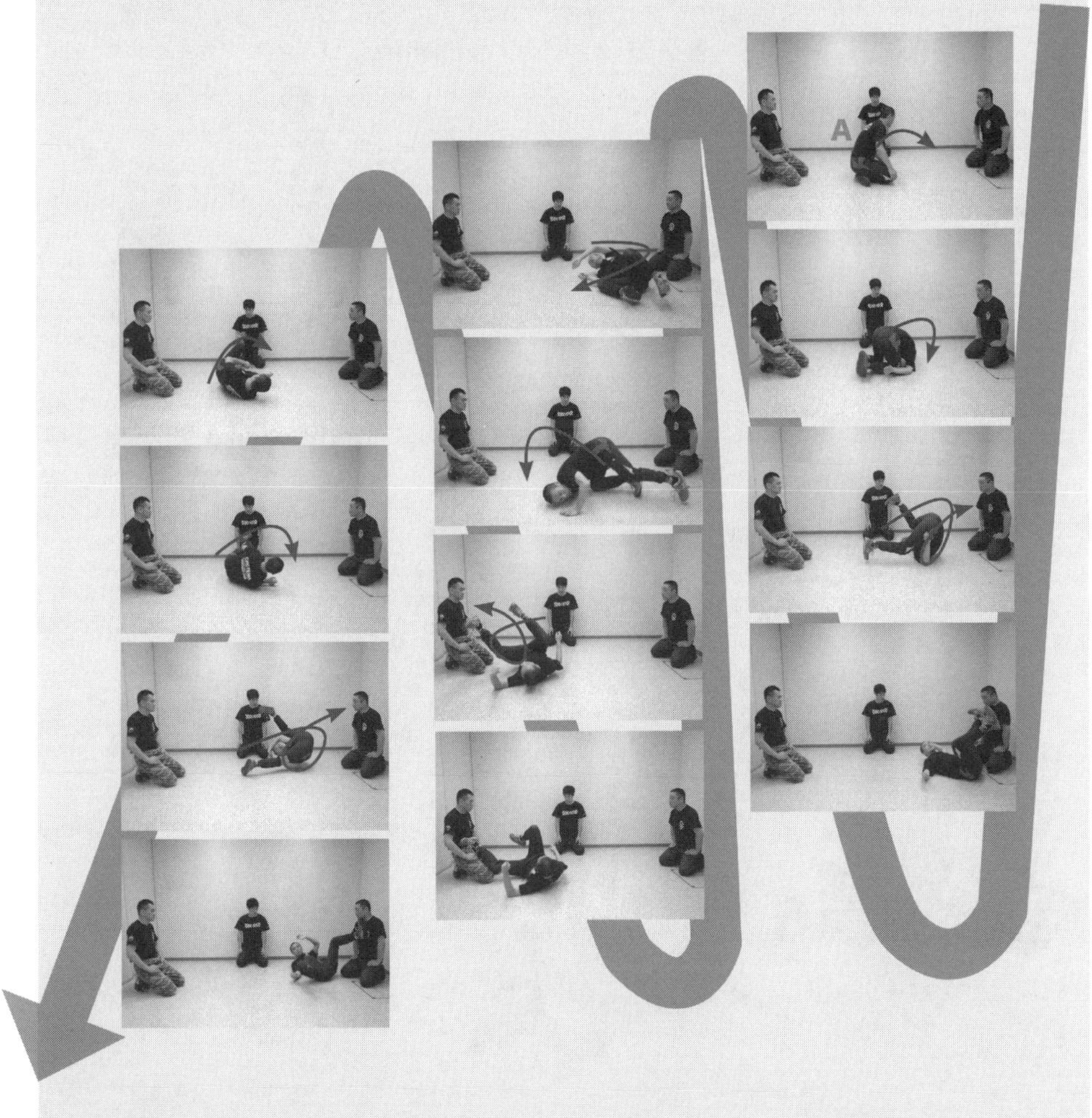

ローリングのドリル７　ローリング・テイクダウン

これは少し応用的なドリルですが、ご参考までにご紹介します。相手に体重をかける位置や方向を微調整していくと、驚くほどあっけなく相手を倒すことできたりします。

1. Ｂは軽く膝を曲げて立ちます。
2. Ａは適当な距離を置き、Ｂに向かってローリングをします。
3. Ａはローリングの動きを止めることなく、Ｂの下半身に適当な力を加えることでＢを倒します。倒し方に決まりはありません。どうすればより効率よくテイクダウンできるか、試行錯誤してみて下さい。失敗しても気にする必要はありません。倒し方のアイディアをいくつか写真で紹介致しますので、これを元にさらにアイディアを広げてみて下さい。これに慣れたらＢがＡに向かって歩いていくのも良いでしょう。歩み寄って来るＢをＡが同様にしてテイクダウンするのです。

全てを組み合わせたエクササイズ

続いて紹介するのは、この章でお伝えしたエクササイズを全て組み合わせたものです。

1. Aがプッシュアップ、スクワット、シットアップ、レッグレイズのうちのいずれかのエクササイズを行ないます。
2. BがAを押します。AはBに抵抗することなくローリングし、再びまた4種のエクササイズのうちのどれかを始めます。
3. Bが再びAを押します。Aが低い姿勢になっている時は、足で押しても構いません。AはBに抵抗することなく転がっていって、またエクササイズを再開します。

大切なのは、Aは決して動きを止めないこと。プッシュされて転がるとき、転がってエクササイズに移るときといった動作のつなぎ目も含めて、つねに動き続けるようにして下さい。

決して動きを止めずに動き続けます。

第3章

システマ式格闘術

SYSTEMA's Fighting Method

本当に「使える動き」とは？

システマには決まった型も、構えも、技もありません。ですから本著でも決まった技やその手順を丁寧に解説することもありません。この点は広く行なわれている格闘技や武道との一番の違いとも言えるでしょう。

「例え何らかの技をくり返し練習して身につけたとしても、いざと言う時には役に立たない。本当に助けてくれるのは〝自分自身の動き〟だ」

ミカエルもヴラディミアもそう語ります。相手の体格や人数、お互いの装備や場所、天候など、さまざまな要素によって状況はつねに変化します。想定通りのシチュエーションが起こることも、同じシチュエーションが二度繰り返されることもまずありません。そういった中でも自らの身を護っていくには、正しく状況を見極め、臨機応変に判断をくだし、それを実行に移していくことです。

また、自分のものになっていない知識やテクニックは、頭が真っ白になった時にいとも簡単に吹き飛んでしまうものです。例え全てを忘れてしまったとしても、決して忘れようがない動き。それが「自分自身の動き」なのです。それを創始者であるミカエル・リャブコは「自分の型」という言葉で説明しています。システマの格闘術は投げ技や関節技を身につけるためのものではなく、「自分の型」を見つけるための練習なのです。

格闘術のトレーニングでは当然、相手がいます。相手が何かを仕掛けようとしている時、または自分が攻撃なり防御なりのアクションを起こそうとしている時、どうしても余計な緊張が生まれます。そうした緊張を丁寧に感じ取り、ブリージングによって解消していくのです。

そのために、システマでは基本的にゆっくりとした動きで格闘のトレーニングを行ないます。それはくまなく自分の動きを認識し、分析できるようにするためです。ゆっくりできずつい動きが早まってしまう時、たいてい内面に焦りや過度のアグレッシブさがあります。そういった余計な感情は自分を助けるどころか、動きの精度を鈍らせ、疲労を早め、視野を狭くしてしまうのです。そうした面を含めて自分自身を知り、コントロールできるようにしていくことで、システマの格闘術は上達します。意外に思われるかも知れませんが、動画やＤＶＤで見るような目にも留まらぬ早業は、きわめてゆっくりとした、柔らかで丁寧な練習によって培われていくのです。

ミカエルの高弟であり、ロシア軍の少佐であるコンスタンチン・コマロフはこの事を次のような言葉で実に端的に教えています。

「ゆっくりとできないことが、速くできるわけがない」

もちろんゆっくりだからといって、手を抜くわけではありません。実際の動きをそのままスローモーションで行なうのですから、速度は落ちても動きに威力が備わってないと練習の意味がなくなってしまいます。真剣にゆっくりと動く。そしてあらゆる知覚能力をフル動員し、上手にやることよりも一つの動きからより多くのことを学ぶように心がけて練習に取り組んでみて下さい。

1 ストライクについて

格闘技術としてまずお伝えするのは、システマ名物でもある「ストライク」です。インターネットの動画やDVDでは、屈強な大男がパンチ一発であえなく撃沈したりするなどなかなか衝撃的な動画が多いためか、どうしてもその威力やそれに耐えるタフネスばかりが注目されてしまいがちですが、実際にはとても緻密で奥が深い技術です。

本書ではパンチやキックなどの打撃全般のことを「ストライク」、拳によるものを「パンチ」と呼び分けることとします。

○ストライクの特徴

システマのストライクと一般的な打撃は何が違うのでしょうか。その大きな点として「破壊を目的としていない」ということが挙げられます。システマのストライクは、相手を傷つけるのではなく「コントロール」します。むやみに相手に痛みを感じさせるのでなく、相手の動きをコントロールすることで攻撃を封じ、自分と相手の双方にとってより安全な状態を作り出していくのです。

リング上や練習場であれば、相手をノックダウンしたり傷つけたりすることで、自分の実力に酔いしれる事ができるでしょう。ですが実際の戦闘においては極めて危険です。その一つの可能性として、パンチによって相手を逆上させてしまうことが挙げられます。うかつに顔面を殴って万が一、鼻血など出させてしまおうものなら、怪我をした本人だけでなく、その仲間までも含めて全員がいわゆる「キレ」てしまってめちゃめちゃに攻撃されてしまうかも知れません。自分のパンチがアダとなって、さらなる危険に身をさらしてしまうこともあるのです。システマのパンチはそうした可能性も考慮されています。だからこそ相手を傷つけるのではなく、コントロールするのです。

ある程度練習を積めば、ストライク一つで相手の姿勢を崩したり、倒したりすることができるようになります。さらにトレーニングが進めばメンタル的な部分をコントロールすることも可能です。システマの創始者であるミカエルは、パンチ一つで相手を興奮させたり、意気消沈させたり、元気づけたりと自由自在にコントロールできてしまいます。それどころかパンチによって便意を催させてしまったり、生徒の心臓を止めたり動かしたりなんてことまでやってみせてしまうのです。（ちなみに心臓を止められた本人に感想を聞いたら、「心臓は止まっても呼吸はできる。心臓が再び動いた時に備えて、呼吸をし続けるんだ」とのことでした。）

ストライクは相手を打つ技術ですから、もちろん威力は大切です。ですがそれ以上に重視されるのが「コントロール性」です。良いストライクを受けると確実に姿勢が崩れされると同時に不思議な爽快感がありますが、逆に稚拙なストライクだと例え威力が大きくても姿勢が崩れず、反感や怒りと言ったネガティブな感情が芽生えてしまいます。こういったことを丁寧に観察し、ストライクが人間の身体と精神にどのような影響を与えるのかを理解していくことで、コントロールの精度が高まっていくのです。

そういった事は実際に人を打ち、自分もまた人に素手で打たれることでしか学ぶことができません。だからこそシステマではサンドバックではなく、トレーニング仲間の身体を借りて、パンチを打ち込むトレーニングをするのです。

2 打たれる練習の重要性

システマのセミナーで必ずと言ってよいほど見かけるのが、インストラクターからパンチをもらうために生徒達がならぶ長蛇の列です。長年にわたるトレーニングを積んだ猛者からビギナー、時には年配の方や女性までもがお腹や胸、背中、そして鳩尾にまで強烈なパンチを受け、苦しみながらも一生懸命ブリージングをしているのです。

私自身も数えきれないほどパンチを受けました。特に鳩尾に受けた時は息が詰まり、目の前が真っ暗になり、冷や汗をドッとかいたりします。胸に受けたパンチの衝撃が背中へと抜け、背骨がミシリと音を立てたことも何度かあります。屈強な男性が苦しみのあまり、子供のように泣きじゃくってしまっているのを見たこともあります。そんな思いをしてまでなぜストライクを受けるのでしょうか。それは、ストライクを受ける事で、身体と心を飛躍的に強くする事ができるからです。

優れたインストラクターは生徒の弱点を的確に打ち抜きます。当然、猛烈な苦痛に見舞われますが、懸命にブリージングを続けることで次第に苦しみは和らいでいきます。さらにブリージングを続け、苦痛がすっかり解消される頃には、弱点はパンチを受ける以前よりも少し、あるいは大幅に改善されます。ボディーワークの指導者や整体師といった人の身体を見る目に長けた人が見比べれば、その前後で明らかに姿勢が改善されているのが分かるでしょう。その時の爽快感は格別です。

この場合の「弱点」とはすなわち「無意識の緊張」です。「あらゆる緊張の源には、〝恐怖〟がある」とミカエルが教えています。優れたパンチは身体の奥底にある緊張に刺激を与え、一気にリラックスさせる事で、緊張と恐怖の両方を解していくのです。

またヴラディミアは「どんなに優れた戦士でも必ず一度は攻撃をくらう」と語っています。例えジムのスパーリングで無敵の強さを誇っていても、実際の戦いにおいては敵に指一本触れさせずに勝利を収めることなど困難です。特に相手が複数いる時など、まったく不可能と言っても良いでしょう。前後左右様々な方向から、拳だけでなく棒などの武器を用いた攻撃がランダムに飛んでくるのですから。恐ろしいのは攻撃によるダメージそのものよりも、むしろ精神的な動揺です。例え負傷してしまっても落ち着くことさえできれば応急処置をし、適切な判断によってその場を脱出できるかも知れません。ですが動転し、頭が真っ白になってしまっては応急処置をするどころか、さらなるピンチへと自分を追い込んでしまいかねないのです。

攻撃を受けることで精神的なダメージを受け、自ら状況を悪化させてさらにパニックに陥ってしまう……。こういう「負のスパイラル」に陥ってしまっては、どんなに優れた技術や肉体を持っていても、一切その成果を発揮することができません。だからこそ自らの身を守り、身につけた技術を効果的に役立てるために、例え攻撃を受けても取り乱さず、落ち着いていられる精神状態を保つことが大切なのです。ストライクを受ける訓練を積んでおくと、多少殴られた位では動揺せずに済むようになります。これもまたストライクを受ける練習の大切な意義です。

3 ストライクの受け方

では、実際にどのようにしてストライクを受けるのでしょうか。手短かに言えば、「呼吸をして、リラックスする」という一言につきます。ですがそれではあまりにもミもフタもありませんので、本著でテーマとしている「四原則」に当てはめてみましょう。

呼吸

当たる瞬間に鋭く口から吐き、吐いた分だけすぐに鼻から吸います。息を吐くのが長すぎると余計な緊張が生まれ、姿勢も曲がって、ダメージを体内に取り込んでしまうような結果になります。鋭い呼気で衝撃を吸収し、続く短い吸気で体内に残ったダメージをはじき出す感じです。呼吸にともなう緊張も最低限とし、吸いすぎ、吐きすぎに注意します。初めのうちは目で見てタイミングを計って息を吐くのも良いですが、そればかりに慣れてしまうと死角や暗闇からの衝撃を逃がすことができません。口の開いた袋にプレッシャーを与えるとその分だけ空気が漏れていくように、与えられた衝撃の分だけ空気が出て行くのが理想です。

リラックス

全身をすっかりゆるめます。特に打たれる瞬間にリラックスが必要なのですが、恐怖によってついつい緊張してしまう場合は、意識をブリージングに集中すると良いでしょう。また打たれる部位

リラックスした状態で

ストライクを受けた瞬間に口から
息を吐きます。

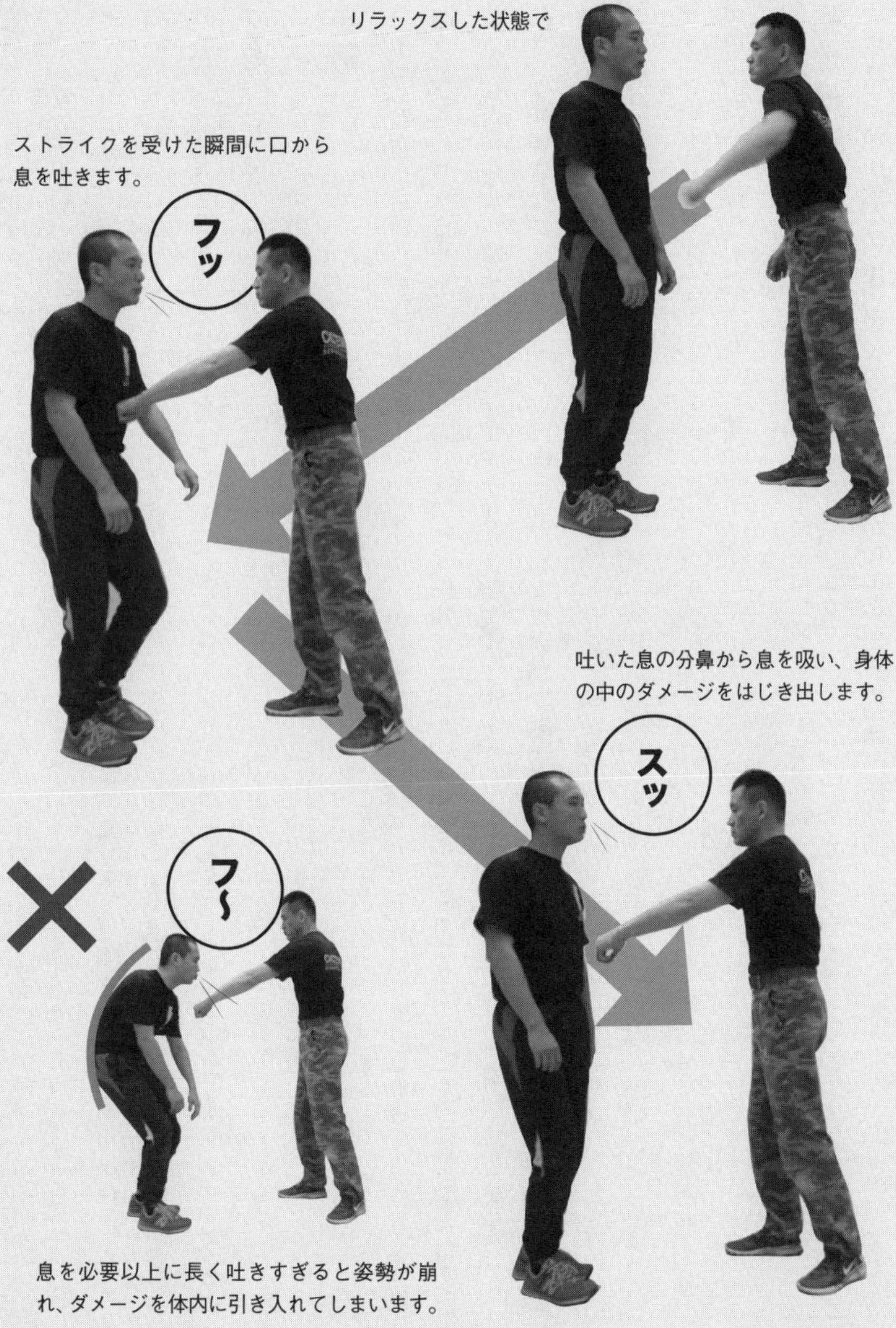

吐いた息の分鼻から息を吸い、身体
の中のダメージをはじき出します。

息を必要以上に長く吐きすぎると姿勢が崩
れ、ダメージを体内に引き入れてしまいます。

だけでなく、全身をリラックスさせるようにして下さい。パンチを打たれると、打たれた部位と全く異なる部位にも刺激や痛みが起こることがありますが、それらも全て呼吸によってリラックスさせていきます。緊張は筋肉や神経などによって全身に繋がっています。例えばお腹を叩かれたあと、首や肩、頭などがギューっと緊張したり、どっと汗が出たりします。そういった緊張の連鎖を全て呼吸によってリラックスさせることで、「ただの脱力」ではなく、恐怖に耐えうる「強いリラックス」を身につけられるのです。

姿勢

自然に立ちます。パンチに対して身構えたり、逃げ腰になったりしないようにして下さい。特別な立ち方はありません。四原則のところで紹介した「正しい姿勢」と全く同じです。真直ぐに硬直するのではなく、ゆったりとリラックスした姿勢をキープします。特に打たれる瞬間に姿勢が「く」の字に曲がらないように気をつけて下さい。重いパンチを受けたあとは苦しさのあまりつい身体を曲げてしまいたくなりますが、呼吸によって何とか真直ぐ立った方がダメージは早く抜けます。姿勢を曲げてしまうと、身体の奥にダメージが入り込んでしまうのです。多くの人が犯してしまいがちなミスは、うつむき加減になってしまうこと。首がほんの少しうなだれるだけでも背骨が曲がり、身体の強さが損なわれてしまいます。

動き続ける

パンチの衝撃は身体を波のように伝わります。その波に従って身体が自然に動くようにします。

ストライクの受け方

ストライクを受ける瞬間、口から息を吐く事でダメージを緩和することができます。あえて実験する場合を除いて、身体を緊張させるのは禁物です。

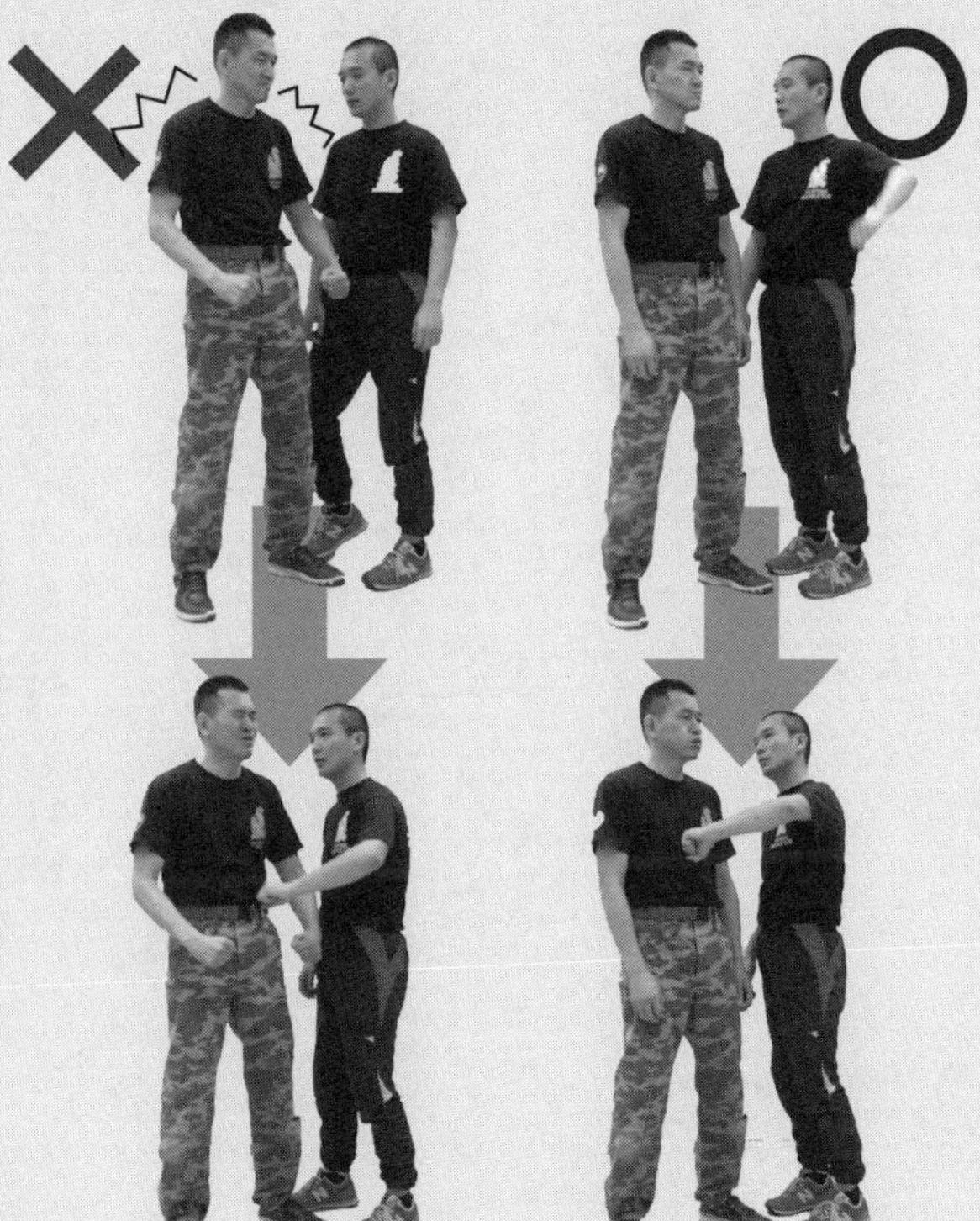

ストライクの回復方法

苦痛のあまり打たれた側が身体を「く」の字に曲げてしまったら、打った側が身体を起こして、呼吸しやすい姿勢をサポートしてあげます。打つ側はくれぐれもパートナーの様子に注意し、無理させすぎないようにして下さい。

例えば腹部にパンチを受けた時、その衝撃は腰や肩、手足へと伝わっていきますが、この伝わりに従って身体が自由に動くようにしておきます。踏ん張って身体を固定したままではダメージを溜め込んでしまうばかりか、システマにおいて重要な相手からもらったエネルギーを利用する技術も使えなくなってしまいます。

○リラックスしてストライクを受ける理由

なぜシステマではリラックスしてストライクを受けるのでしょう。筋肉を固めて受けた方が良さそうに思えますが、そこにはいくつもの理由があります。

・筋肉を固めると衝撃が分散せず、一部に負荷が集まってしまう。

「のれんに腕押し」という言葉がありますが、のれんは柔らかくひらひらしているからこそ、強い力で押されても手応えなく受け流すことができます。ですがひらひらしないように固定されてしまったらどうでしょう？　強い力が加わることで簡単に破れたり、穴が空いたりしてしまうはずです。このように本来柔らかいものでも、固定されることでダメージを受けやすくなってしまうのです。筋肉の緊張は身体を固定する事で衝撃の分散を妨げ、身体を傷つけてしまいます。

・緊張がダメージを蓄積させてしまう。

それでも若いうちは筋肉の〝鎧〟によって打撃に耐え抜くことができるかも知れません。しかし、その衝撃は慢性的な緊張として身体の奥底に蓄積され、骨格の歪みや故障の原因となってしまいます。打撃系の格闘技を長く修練し、打たれ慣れているはずの人が、システマのパンチを受けて、一

衝撃の逃げ道を確保する

ブリージングとともに身体をリラックスさせれば、衝撃がスムーズに流れていきますが、緊張はそのルートを妨げてしまいます。緊張は体表の筋肉だけでなく、インナーマッスルや臓器、神経や血管にも存在します。それら全てを解していくことで身体のリラックスを向上させることができます。ストライクはそのためのとても有効なトレーニングです。

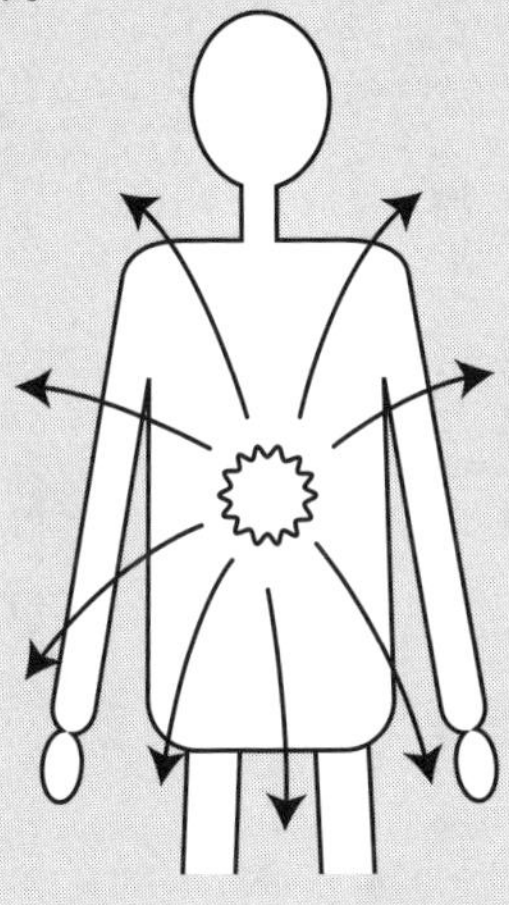
リラックスしていると
衝撃はスムーズに
分散しますが……

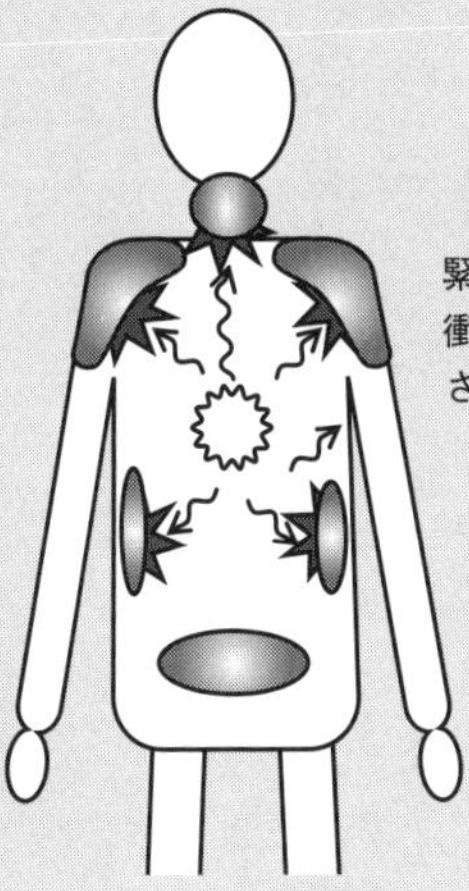
緊張していると
衝撃がブロック
されてしまいます。

般の人以上の苦痛を味わうことがあります。それはパンチの衝撃が身体の奥底に蓄積された緊張を直撃するためです。長年にわたって蓄積された苦痛が一気に解放されるのですから、その苦しみたるやかなりのもの。屈強そうな男性が涙を流すほど苦悶するのも、多くはこうしたケースです。力を抜いて打撃を受ければ、ダメージを後に持ち越すこともありません。

・筋肉の「スキマ」

また筋肉の〝鎧〟には一つの大きな欠陥があります。それは〝隙間〟があるということ。例えば六つに分かれた腹筋はとてもカッコ良いですが、盛り上がりの境目の部分はどうしても筋肉が薄くなります。筋肉の層がぶ厚いところであれば多少打撃を跳ね返すことができるかも知れませんが、薄いところからは容易に衝撃が入り込むのです。ボクシンググローブをつけていればこの問題はかなり低減されますが、素手では事情がかなり異なってきます。例えば以前、筋肉隆々の男性がシステマのクラスにいらした時のことです。その日の練習はたまたまパンチの練習だったのですが、私の家内（家内もシステマをずいぶんやりこんでいます）と組んだその人は、予想外のダメージを受けて思わず音を上げてしまったのです。女性の拳は男性に比べて一回り小さいため、簡単に筋肉の隙間に入ってしまうのです。そういった理由もあって、システマでは筋肉ではなく、呼吸によってストライクを受けるようにと教えています。呼吸は風船のように全身を均等に収縮または膨張させるので筋肉のように隙間がなく、どこでストライクを受けても変わらずに威力を緩衝することができるのです。

筋肉の鎧と呼吸の力

ぶ厚い筋肉で身体を守るのももちろん有効かも知れませんが、どうしても「スキマ」が生まれてしまうため、そこから衝撃が入ると思わぬダメージを受けることがあります。一方、呼吸の力は全身に均一に作用するので、スキマから衝撃が入り込むことはありません。胸やお腹といった呼吸との連動が目立つ部位だけでなく、背中や首、両手足などといった、普段あまり意識しない部位も含め、全身くまなく呼吸と連動させることで、その効果を高めることができます。

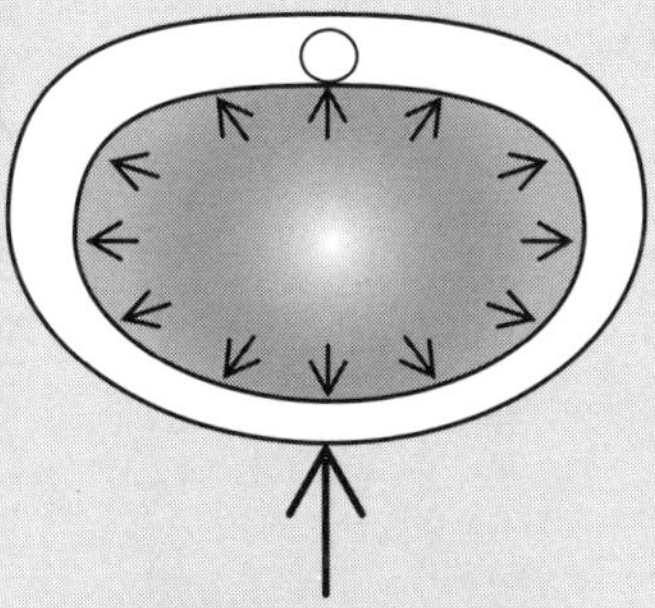

呼吸を用いれば、衝撃を分散させることができる

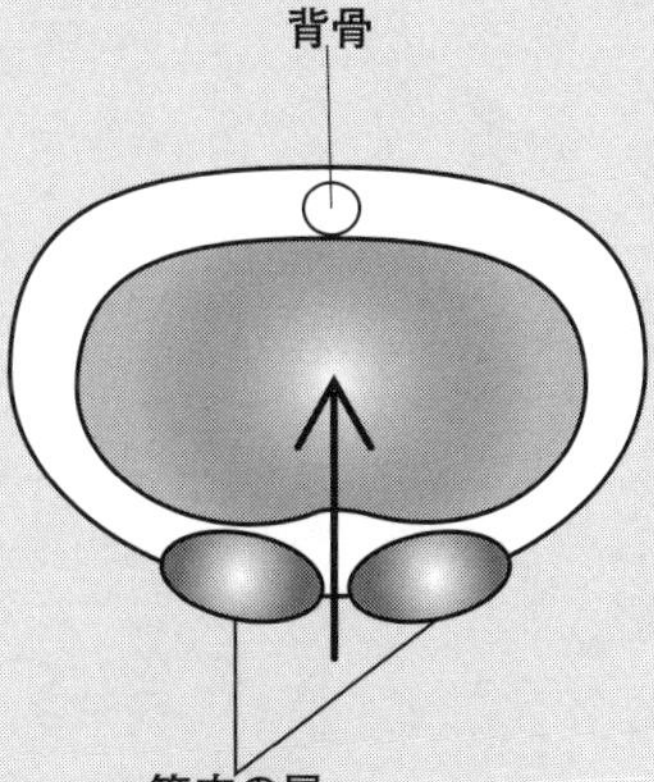

スキマから入るエネルギーに対して対抗しにくい

○ストライクのエネルギーを活用する

また、リラックスをしてストライクを受けるのは、相手のエネルギーを自分のものとして使うためでもあります。受けたストライクの威力を自分のパンチに上乗せして、相手にお返しすることもできます。相手の力を使うからこそ自分より体格に勝る相手を制したり、群衆の中でも流れに身を任せて身を護ることができるのです。身体が硬直してしまっていては、せっかく相手が与えてくれる力を殺してしまうばかりで活用することができません。これは実にもったいない事です。

こうして色々な理由を述べてきましたが結局、システマは実践主義を旨としています。教えられたことがどうしても理解できない場合は自由に実験してしまって構いません。「どうしても信じられない！」という人は、緊張した状態とリラックスした状態の両方で、インストラクターのパンチを受け比べてみれば良いのです。そうすればすぐに結論がでる事でしょう。

ところで、幼少期からシステマを学んで来たミカエル

トップインストラクターの一人、ダニエル・リャブコ（左）による例。右側の人物が伝えた力をそのまま相手に返しています。右の人物はダニエルを押す際に生じた緊張がそのまま身体に残っているため、容易に姿勢を崩されてしまっています。

の子息、ダニエル・リャブコのお腹をパンチさせてもらったことがあるのですが、まるで搗きたてのお餅のようにフワフワでした。そのくらい柔らかなお腹を目指したいものです。

ストライクへの耐性を高める一人エクササイズ

ストライクへの耐性を高めるには、やはり仲間やインストラクターのパンチを受ける経験を積むのが一番です。ですがあまりクラスに参加できない人のために、一人でできるエクササイズを紹介します。

タフネスを高めるドリル

椅子を用いた腹部へのマッサージ

1. 椅子や箱、椅子の背もたれ、固めのボールなどをうつ伏せに覆い被さるようにしてお腹にあてがいます。
2. 呼吸によってお腹の力を抜いていきます。リラックスしていくのにともなって、あてがったものが徐々にお腹の奥深くに入ってくるはずです。するとお腹の奥にある緊張に当たって苦痛が生じますが、ブリージングによって解消していきます。お腹をグイグイと押しつけるのではなく、全身の力を抜いて体重を利用するのがポイントです。
3. ある程度解れたら位置をずらし、お腹の奥をまんべんなく緩めていきます。

表面的な筋肉だけでなく、身体の奥底にも様々な緊張があります。ストライクによってダメージを受けるのはもっぱらそういった緊張です。人によっては吐き気を催すこともありますが、無理のない範囲で少しずつブリージングによって苦痛を和らげていって下さい。リラックスが進めばずっと楽になるはずです。内臓の疲れをとるリフレッシュ法としても使えますので、寝不足の時や気分の優れない時などにやってみるのも良いでしょう。

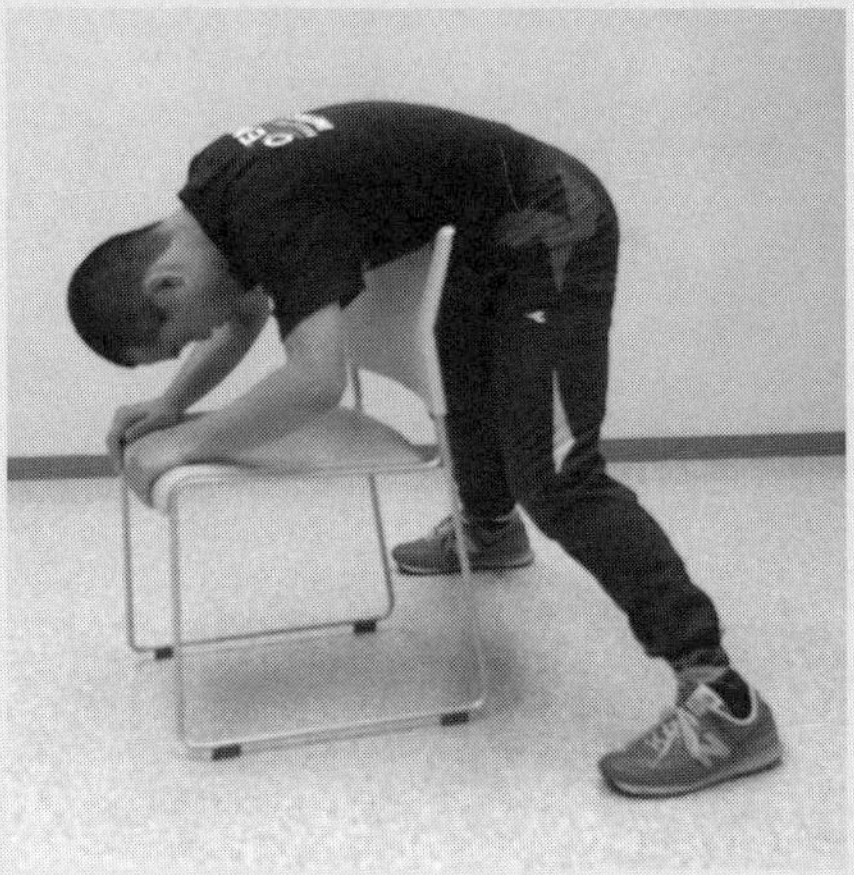

○ダメージからの回復法

重いストライクを腹部に受け、もし我慢できないほどの苦痛に見舞われたら、必ずバースト・ブリージングをして下さい。パンチによって生まれた緊張がほぐれるように全身を動かしたり、打たれた部位をさすったりするのも有効です。しかし、いくら苦しくても身体を「くの字」に曲げるのは禁物です。ダメージを内側に溜め込み、解消しづらくなってしまうためです。姿勢だけは崩さないようにこらえつつ、バースト・ブリージングによってリラックスしていきます。真直ぐ立っていられなければ大の字に寝転んだり、プッシュアップをしたりするのも良いでしょう。呼吸すら困難な場合は、ほんの少しずつでも呼吸していきます。これはストライクだけでなく、身体とメンタルのダメージ全般に応用できる方法です。

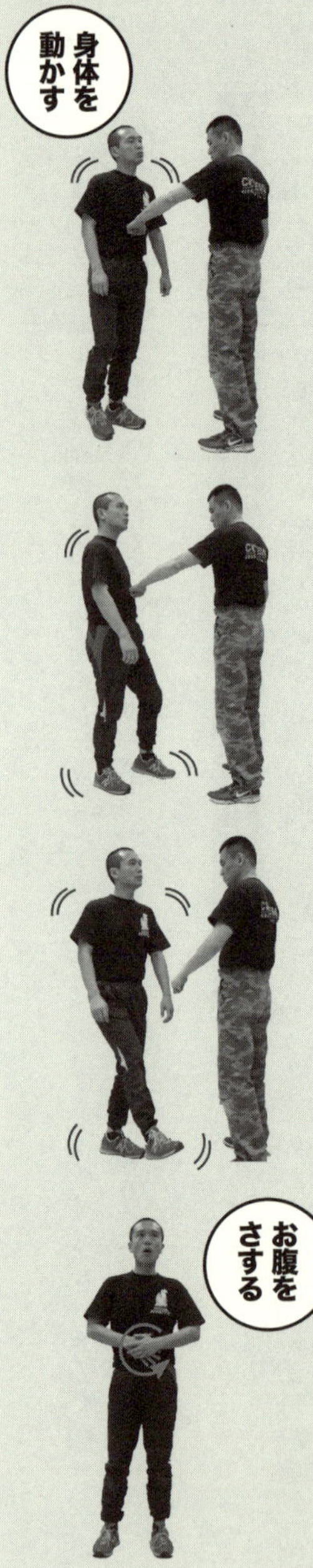

お腹にパンチを受けると、同時に腰や首まで痛みや違和感が生じることがあります。身体の緊張はそれぞれ繋がりあっており、衝撃がその繋がりを通じて他の部位を直撃したためです。バースト・ブリージングをしながら肩を回したり、足踏みや伸びをしたりして全身を解すことで、ダメージを解消することができます。また叩かれた部位をさするのも良い方法です。

4 ストライクを打つ

こちらの要点も至ってシンプルで、「呼吸によってリラックスする」という一点に尽きます。インパクトの瞬間にどれだけ身体の力を抜けるかという勝負であると言ってしまっても過言ではありません。ですが私たちは筋肉に力を込めて威力を増す身体の使い方にあまりにも慣れすぎてしまっているため、力を抜く動きを再構築していく必要があります。そのため手首の角度や打つ時の心構えなど、説明の範囲が多岐に及びますので、ここからの説明（もしかするとここまでの説明も含めて）はとても煩雑に感じられるかも知れません。ですが、システマとはとてもシンプルなものです。もしややこしく感じられたら「要するに、呼吸をして力を抜けってことね」と思っていただければ結構です。その至ってシンプルなことがらを、あらゆる角度から説明しているだけなのですから。

では、ここでも四原則に沿ってパンチの打ち方についてご紹介していきます。

・呼吸

基本的に吐きながら打ちますが、吸いながらでも構いません。要は息を止めないことが大切です。ストライクを真面目に練習しようと思えば思うほど、息が詰まってしまいがちです。するとますますパンチの威力が落ちてしまうばかりか、視野も狭くなってしまって相手がどのくらいダメージを受けているのかも分からず、余計な負担を与えてしまいます。その上威力も表面的なものとなり、相手をコントロールできるような深いパンチになりません。パンチの練習をお互いにとって建設的なものにし、イヤな思い出にしないためにも、呼吸を意識し続けて精神の静けさと身体のリラックスを保つことが大切です。

・リラックス

あらゆる緊張はストライクの妨げとなります。腰を切ったり、足を踏ん張ったり、拳を握りしめたりといった、「こうした方が威力が増しそう」と思われる補助動作は全て「余計な緊張」と見なしてしまって差し支えありません。例え用いられている筋肉がインナーマッスルであろうと緊張は緊張です。全身くまなくリラックスさせるのが理想なのです。インパクトの瞬間に呼吸によって力を抜く。ただそれだけのことでシステマのパンチは威力を増していきます。ですがこれがなかなか困難です。なぜなら相手への遠慮や自分を強く見せたい虚栄心、はたまた自分の指を痛めてしまうのではないかという不安など、実に様々な要因によって無意識のうちに全身の至る所に緊張が生まれてしまうからです。だからこそシステマでは、いかにしてパンチにともなう身体の緊張を抜いていくか、ということを目指したドリルがたくさん用意されています。プッシュアップはその代表的なエクササイズと言えるでしょう。

また、ストライクを打つ時にリラックスするのには、もう一つの大きな理由があります。それは「反動によるダメージを受けないため」というもの。

システマで広く行なわれているパンチは肘を軽く曲げたいわゆるフック気味な状態で拳を対象に当てます。伸ばしきったり、当たった瞬間に身体を固める「極め」のような動作はありません。なぜなら、肘を伸ばしたり腕を緊張させたりしてしまうことで、打った反動が自分に返ってきてしまうからです。パンチの接触面では相手と自分の両方に対する大きな衝撃力が生まれます。この時、

手首の角度について

ストライクの際、手首は必ずまっすぐにします。手首が曲がっていると、威力が大幅に落ちるばかりか手首を痛めてしまいます。拳を強く握りこみ過ぎると、指の緊張が前腕に伝わり、手首が曲がりやすくなってしまいます。筋力で手首をまっすぐ固定するのではなく、前腕をまっすぐ力が通った結果、手首が自然にまっすぐになるのが理想です。

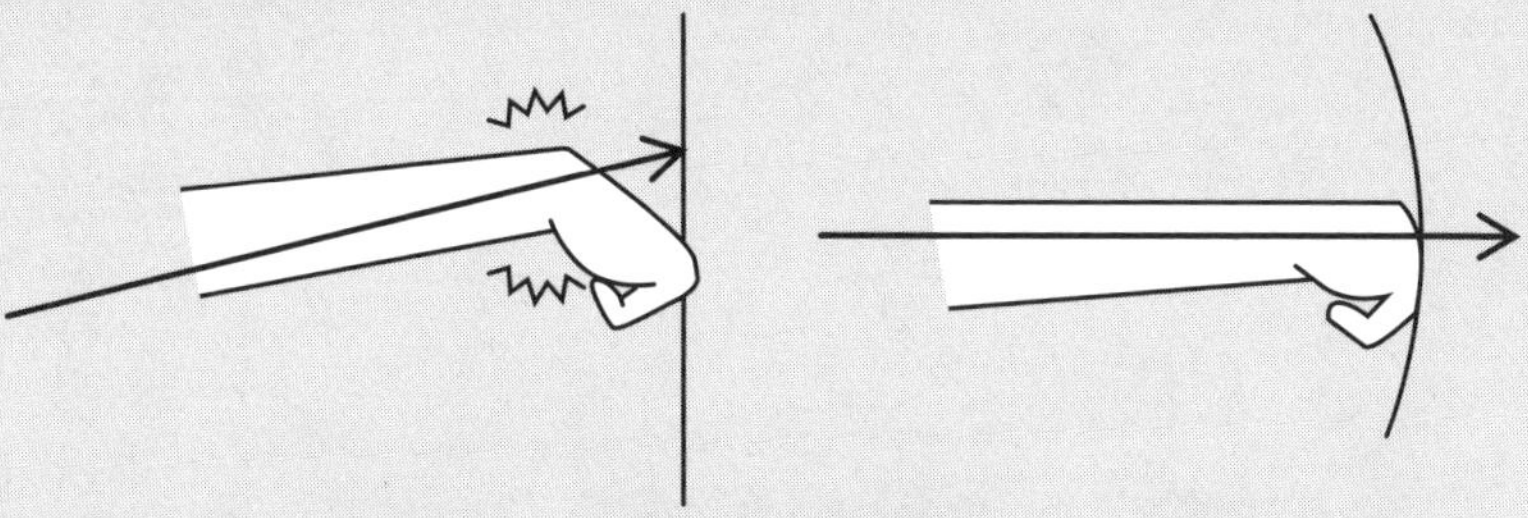

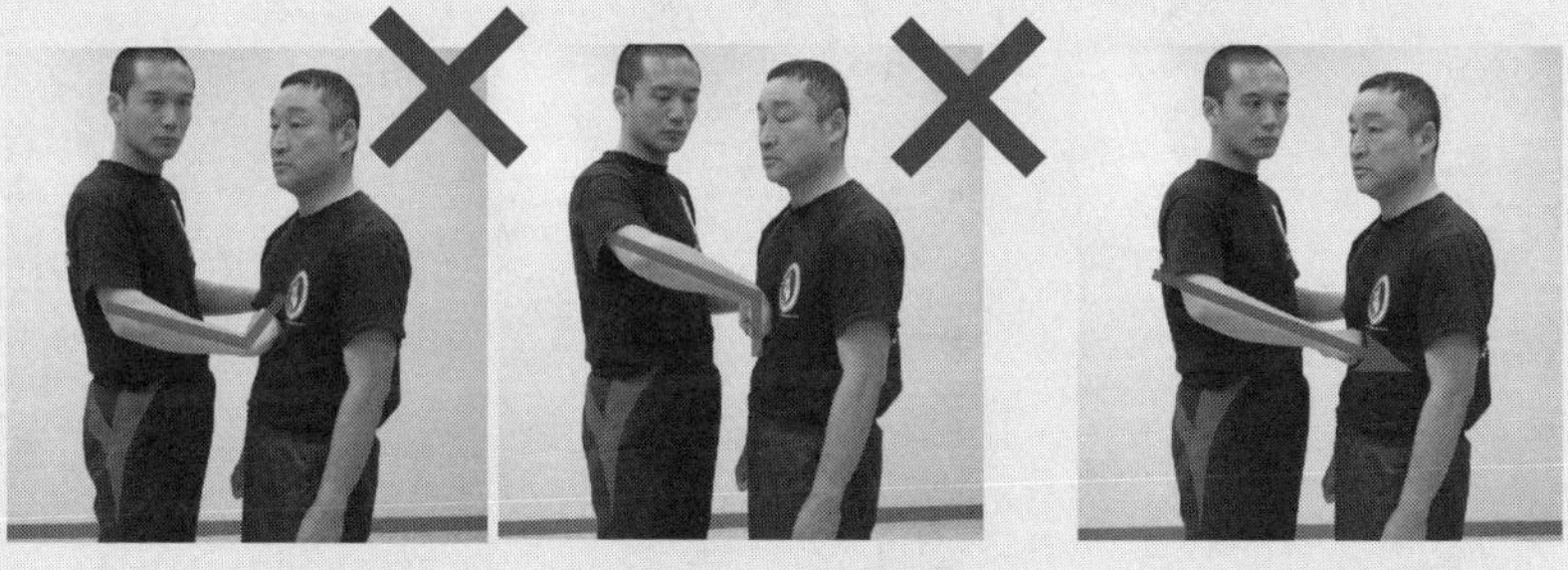

ストライクは橦木《しゅもく》のように

システマのストライクは、拳を含めた前腕部が鐘突きの橦木のように、まっすぐ対象に当たります。それには肩と肘を充分ゆるめる必要があります。特に肘が緊張してしまうと、腕が「L」字型に固まってしまいますので、そうならないように注意して下さい。

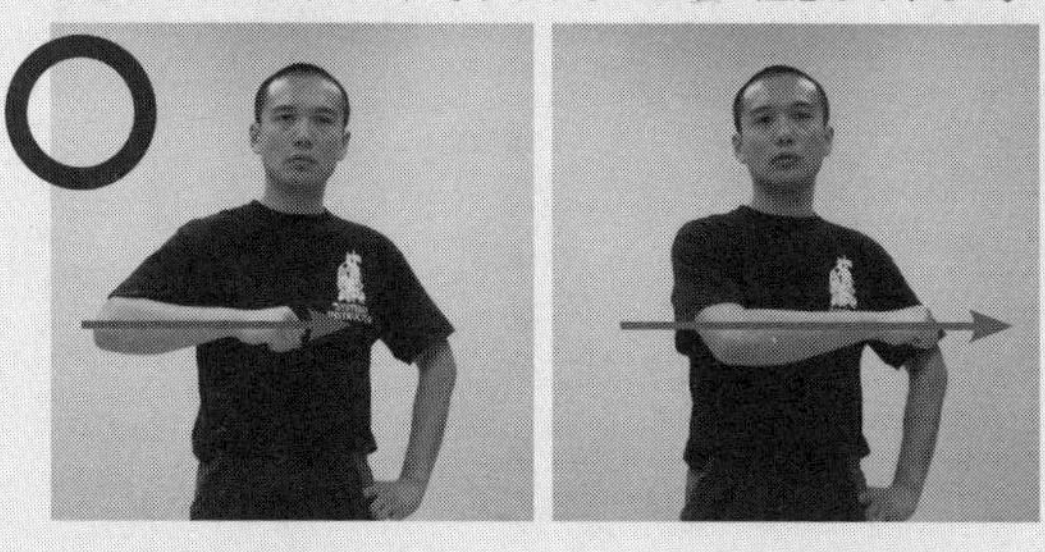

パンチを打った腕が力んでいると衝撃力が首や頭へと伝わってダメージを与えてしまうのです。これでは相手と同時に自分を打っているようなものだ、とミカエルは言います。こうしたダメージが蓄積されると最悪の場合、脳機能や視神経に障害をきたしてしまいます。だから肘の力を抜き、軽く曲げることで衝撃の伝播をカットするのです。システマのパンチは除夜の鐘などで見られる鐘突きに似ています。鐘を突く木（鐘木）が前腕と拳、鐘木を吊るす縄が上腕や肩に相当します。上腕

反力によるダメージ

肘が力んで腕が伸びきってしまうと、パンチを当てた衝撃が自分に返ってきて脳や首にダメージを蓄積してしまいます。また、伸びきった肘は外側から力を加えられると容易に折れてしまいますので、相手の間近に自分の弱点をさらすことにもなってしまいます。

腕をかためてしまうと
打ったままの力が
自分に返ってくる

がリラックスしているからこそ前腕と拳が自由に動き、その重さを効果的に対象へ伝えつつ、自らの身を守ることができるのです。

こういった理由もあってシステマのパンチには一切筋力を用いません。だからこそ片足立ちでも座っていても、寝転んでいても打つことができます。ミカエルは水中でも同様であることを教える

リラックスで反力を逃がす

肘を曲げておくと、パンチが当たった時の反力が抜けていくため、ダメージを受けずにすみます。肘だけでなく、肩や腰などの緊張も反力を受ける原因となります。ストライクの練習をする際には、相手からの反力が自分の身体のどこに返ってきているかを感じ取ることで、余計な緊張のありかを知ることもできます。

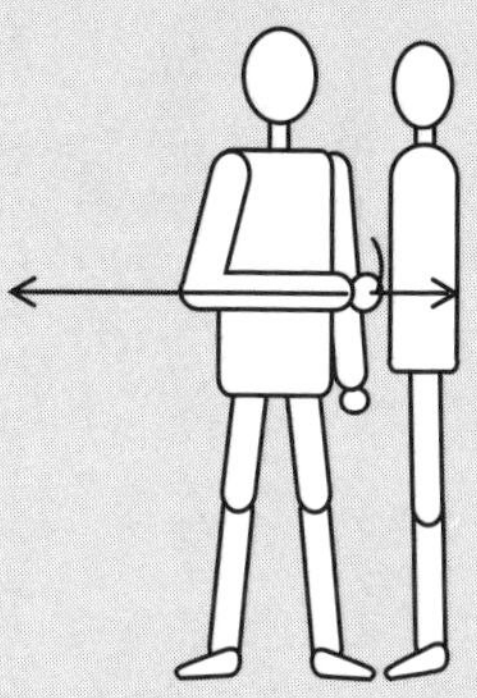

肘の力を抜いておくと
反力が肘から抜けて
自分にダメージが残らない

ため、湖で立ち泳ぎしながらのパンチを披露してくれたことがあります。同じく立ち泳ぎしている生徒を打ったのですが、その威力は「ドンッ！」という衝撃音が浜辺で見学している私たちにまで響いてくるほど。私も実際に受けてみましたが、陸上と全く変わらない砲弾のような威力でした。力を抜くことで余分な動きがなくなると、水の抵抗も減って打撃の威力も衰えずに済むのです。その一方で水がうまく衝撃を吸収してくれたため、陸上よりもダメージが残りにくかったのが印象的でした。

・姿勢

リラックスをして背骨を真直ぐに保ちます。ストライクを受ける時と同様、普通に立った状態が一番強いのです。踏ん張ったり、腰を捻ったりして姿勢を崩す必要はありません。特に肩に力が入ると肩が前方に突っ込んだ形になるので気をつけて下さい。鏡やカメラを用いて、パンチを打った瞬間の自分の姿勢をよく観察してみるのも良いでしょう。瞬間的にどのように姿勢を崩してしまうのか、自分の癖が良くわかるはずです。姿勢の崩れが見つかった場合は、その原因となっている緊張を見つけ、ブリージングによってリラックスさせることで自ずと整ってきます。

・動き続ける

打つ直前、打つ瞬間、打った直後の全ての局面において、足を踏ん張らないようにします。歩きながら、ローリングをしながらでもパンチが打てなくてはいけません。すると全身が協調して威力もまたぐっと高まります。

ストライクの注意点

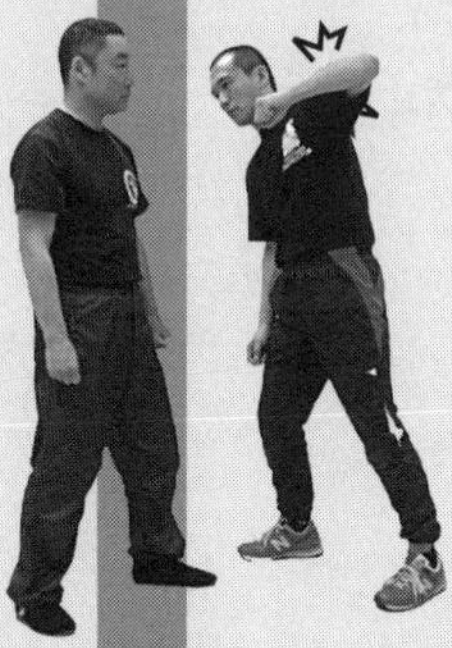

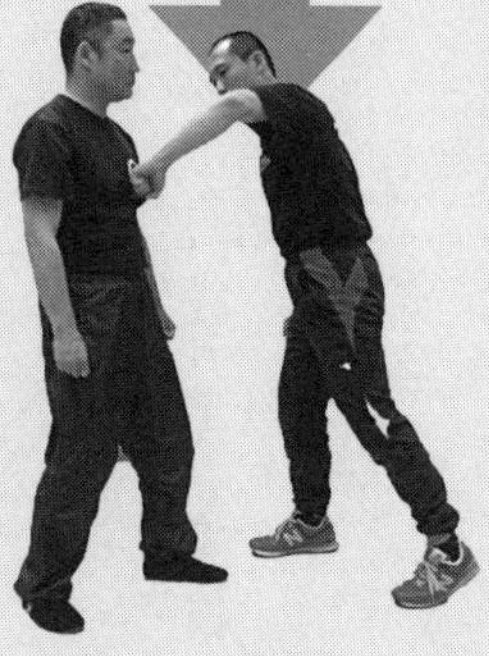

「強く当てよう」という気負いが強すぎて、肩に力が入り、背骨も曲がってしまっています。打つ前にそういった気負いやそれに伴う身体の緊張を感じたら、ブリージングによって解消すると良いでしょう。デジカメやビデオカメラを使って、自分のフォームとミカエルやヴラディミアといったマスター達の動きを見比べてみるのもいい練習になります。

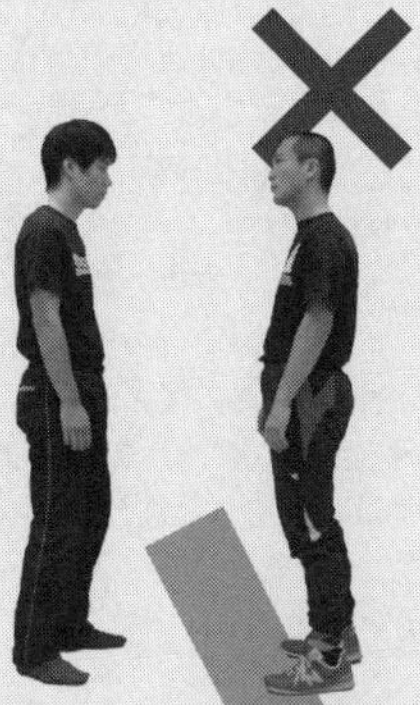

立ち位置が遠すぎて、なんとか拳は当たっているものの、背骨が曲がり、腕も伸びきってしまっています。この状態では威力が生まれないばかりか、反撃を受けたら防御することも回避することもできません。らくに拳を当てられる距離を知ることで解決できます。

○肩の力を抜くエクササイズ

肩には非常に大きな緊張があります。これは大きなブレーキとしてストライクの威力を大きく損ねてしまいますので、それを解消するためのエクササイズをいくつかご紹介します。

肩の力を抜くドリル 1

肩のストレッチ

1. 床、もしくはマットなどの上に足を投げ出して座り、肘を軽く曲げて両手を後ろに着きます。
2. 腰を少しずつ前にずらします。肩に痛みが感じられた時は、ブリージングとともに肩を色々と動かすことで緊張を解していきます。肩だけでなく背中や胸、腕、腰など全身の力を抜いていくようにして下さい。
3. 肩がゆるんだら、もう少しだけ腰を前にずらします。そのくり返しで肩の緊張を少しずつ解消していきます。痛みを堪えて力任せに伸ばすのではなく、力が抜けることで自然に可動域が広がるようにして下さい。無理なストレッチは故障のもとです。

肩の力を抜くドリル2

スティックを用いたエクササイズ

1. 棒を両手で持ち、前方に軽く伸ばします。棒のサイズには特に決まりはありませんが、合気道や杖道で使われる「杖」くらいが手頃でしょう。もちろんその場に無ければ、ほうきの柄やのし棒などで代用しても問題ありません。
2. 軽く腕を伸ばしたまま力一杯、様々な方向の力を棒に加えます。全力で棒を圧縮したり、引き伸ばしたり、捻ったり、へし折ったりするように力を込めるのです。肘や肩、腰など全身に緊張が生まれますが、それらを全て呼吸によってリラックスさせ、拳以外には力が入らないようにします。こうすることでよりリラックスした、重いパンチを身につけることができます。これはトロント本部から出ているDVD「Stick Seminar（注：英語版です）」の中でミカエルが詳しく説明していますので、興味のある方はご覧になると良いでしょう。

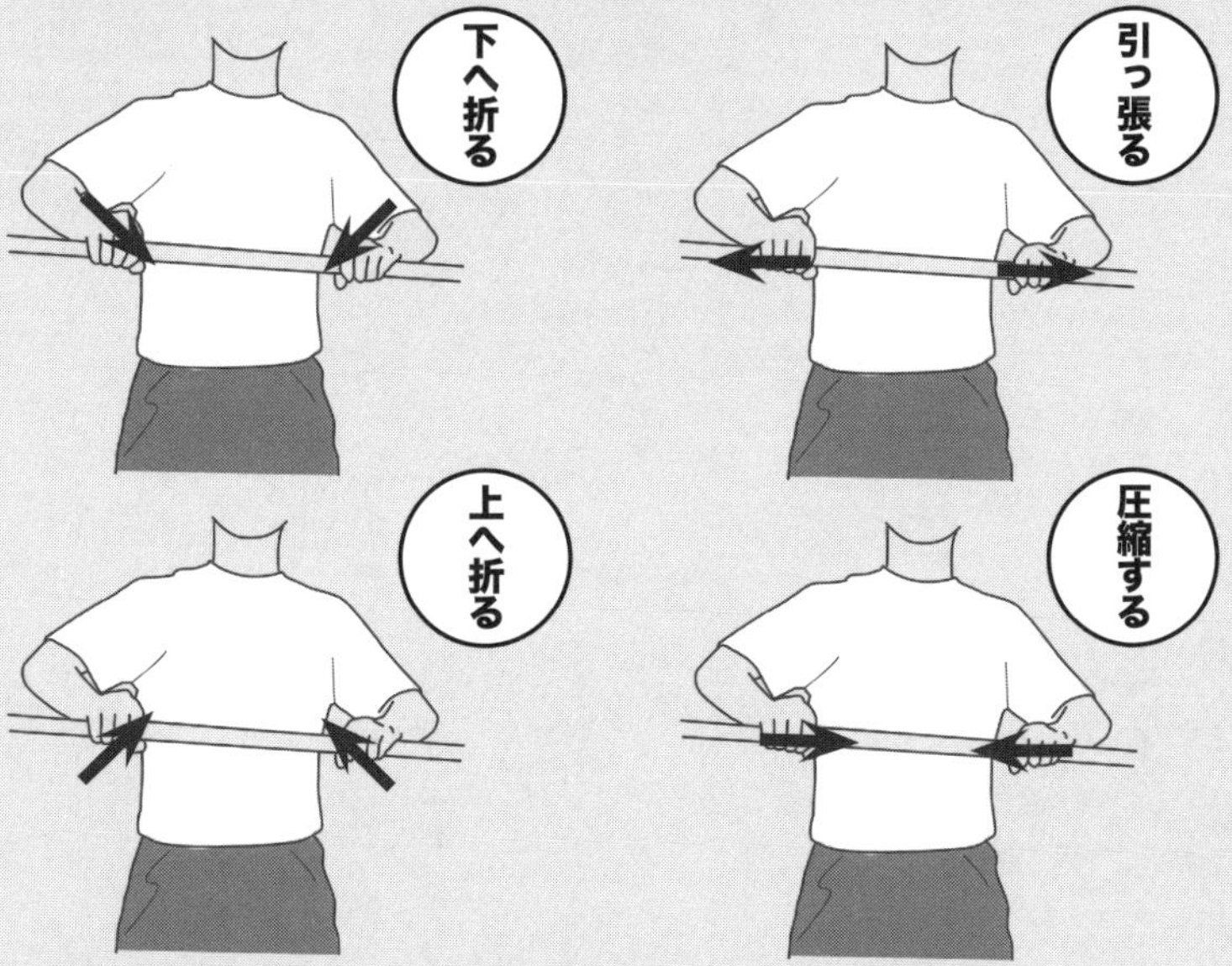

○威力を生む原理について

では、ストライクの威力をさらに高めるにはどうすれば良いのでしょうか？　そのためにＤＶＤ「Hand to Hand」にも紹介されている「波の原理」や、脱力によって生まれる「重さ」を用いる打ち方、「フィギュア・エイト」と呼ばれる「8」の字の軌道を用いた打ち方、また骨格の支持力を用いた打ち方などなど、いくつかの主だったアプローチが存在します。なのでシステマのクラスでは「拳から動くように」と教わったかと思えば「体幹から波を伝えるように」と言われたり、「姿勢を崩さないように」と言われたかと思えば「きちんと全身を波打たせるように」と指示されたりなど、まったく正反対に思える練習が行なわれることもしばしばあります。これはひとえに「ストライクには正解が無い」ということを示しています。型も構えもないのと同様、正しいストライクもありません。唯一言える確かなことは、どんな時も「リラックスする」ということです。

「リラックスすると威力が出る」　これはマスターやインストラクター達が口を揃えて言うことですし、私の経験を振り返っても確信を持って言い切ることができます。

でも実は「なぜリラックスすると威力が上がるのか」ということについては「良くわからない」というのが正直なところなのです。もちろん「重さ」や「骨格」などの原理を用いてそれなりの説明ができるかも知れません。でも、「システマのパンチは重さを使う」「骨格の構造を使う」といったように原理を一面的なものに決めつけてしまうことで、それだけでは説明しきれない部分をばっさり切り捨ててしまう危険があります。それではシステマのストライクに関する大きな誤解となってしまいかねません。ですから本書では、「なぜリラックスするとストライクの威力が上がるのか」

ということはひとまず脇に置いておいて、とりあえず「リラックスすればするほど、ストライクが良くなる」というざっくりした前提で話を進めていきます。練習を進めるという意味ではそれで十分だと思うのです。

5 ストライクを当てる

では実際にパンチを相手に当てていきます。「ウォームアップ」→「拳で軽く触れる」→「軽く押し込む」→「軽く打つ」→「重く打つ」といった流れで、徐々に威力を高めていきます。無理をして強すぎる打撃で練習してしまうと、怪我のもととなるばかりか、余計な恐怖心や緊張を作る原因にもなってしまいかねません。決して無理をせず徐々に段階を追って進んでいくのが、ストライク上達のための最短距離なのです。

また、これから紹介する対人トレーニングはお互いに感想や改善点などを話し合いながら進めていくと良いでしょう。自分の意見を押し付けるのではなく、お互いの見解を理解し合い、共有していくことで、練習の効率がぐんと上がります。

特に人の身体は他者に触れる時と触れられる時、ともに恐怖感によって微妙な緊張が生じます。こうした無意識に起こる緊張をブリージングで解消していくことが、恐怖感をコントロールする練習の第一歩となります。時おり目を閉じて感触や恐怖心の変化をよく感じてみるのも良いでしょう。

また、パートナーの身体に拳を当てる時、軽く握っていれば相手の身体の曲面にあわせて拳がわずかに変形し、よりフィットさせやすくなるはずです。お腹や胸、頬などの肉がついている部分はフィットさせやすく、骨盤やスネなどの骨が浮いている部分はそうでないことが分かるでしょう。拳の力が抜け、拳のフィット感が高まるほど効率よく衝撃を伝えられるようになりますので、触れる感触も十分意識しながらやるようにして下さい。

拳に慣れるドリル

1. A は仰向けで寝ます。
2. B は A の身体の上に拳を乗せてプッシュアップをします。一回上下するごとに拳の位置を変えていって下さい。B は全身の力を抜いて拳を握り込まないようにしつつ、よくフィットするところに拳を置くようにします。頭部や首、腕や脚なども含めて全身くまなくやるようにして下さい。A は呼吸を忘れず、身体をリラックスさせるように努めます。だいたい 10 回位を目安にすると良いでしょう。
3. 前面が終わったら背面も同様に行ないます。B は A の背骨に拳を乗せないようにして下さい。相手に思わぬ怪我をさせてしまう危険があるばかりか、自分の拳も痛めてしまいかねません。B は拳を通じて A の身体のどこが緊張し、どこがリラックスしているのかを良く感じ取るようにして下さい。

また第 4 章で紹介する腹部へのマッサージもストライクへのウォーミングアップとして役立ちます。

ストライクのドリル 1

拳でパートナーに触れる

1. A は力を抜いて立ちます。
2. B は呼吸とともに、A の身体に拳で触れていきます。拳の平らな部分をパートナーの身体に柔らかくフィットさせる感じです。押し付けるのではない点に注意します。A、B ともにブリージングによって全身をすっかりリラックスさせ続けます。
3. B は胸やお腹だけではなく、下半身や顔、背中など全身くまなく拳を当てます。力を抜くには相手との距離や位置関係も大切になります。
4. ある程度やったら交代して下さい。

軽く触れるだけでも、触れる側、触れられる側ともに、内面に微かな緊張や恐怖心が生まれます。これは言わば「緊張の芽」です。まだ軽いうちにブリージングで解消することで、強い緊張へと発展するのを防ぐことができます。

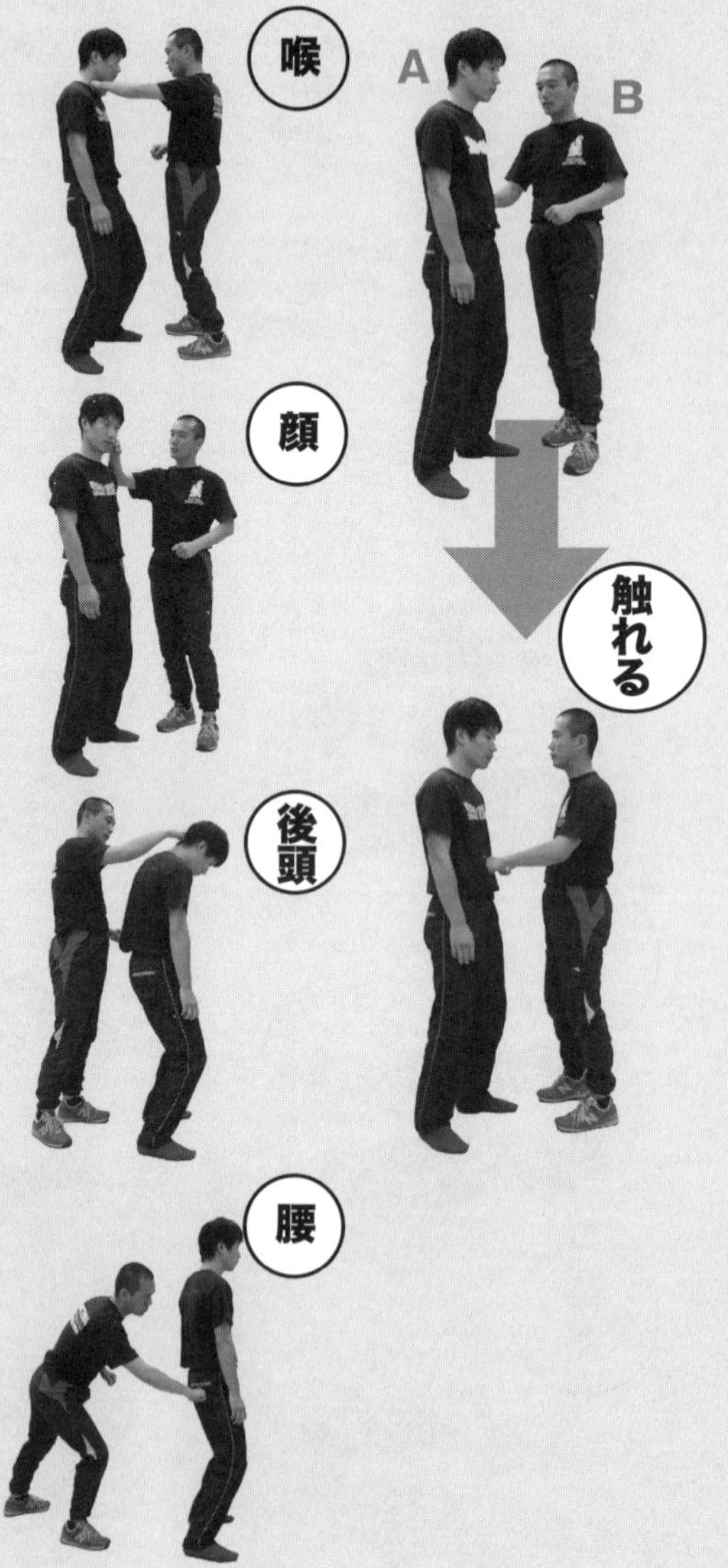

○パートナーをプッシュする

先ほどの練習を少し先に進めて、今度は拳で相手をプッシュしていきます。「プッシュはパンチの基本」と言われるほど、パンチの上達に大きく関わるドリルです。

ストライクのドリル2

拳でパートナーをプッシュする

1. Aは全身の力を抜いて立ちます。
2. BはAの身体を拳で押します。Aは息を吐くとともに身体をリラックスさせ、拳を受け流します。
3. BはAの身体の様々な部位（胸、腹、背中、顔、腕、足など全身）を押し、Aはそれを受け流します。A、Bともに姿勢が崩れないように注意して下さい。

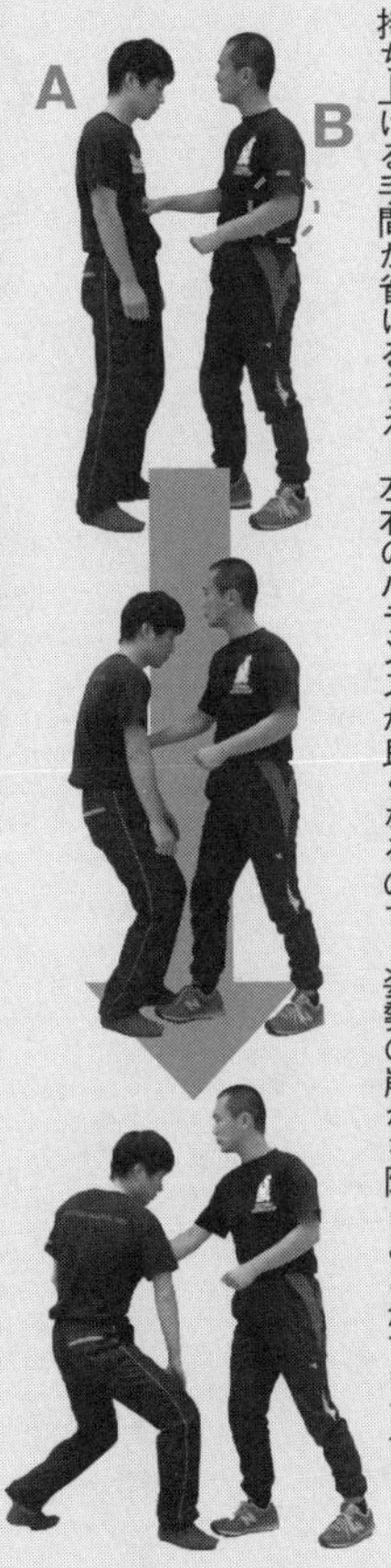

プッシュするのと反対側の手も、すぐにプッシュできるように軽く曲げておくと良いでしょう。すると拳を持ち上げる手間が省けるうえ、左右のバランスが良くなるので、姿勢の崩れを防ぐことができます。

顔も身体と同様にプッシュします。しかし精神的に大きな負荷がかかりますので、Bは頬などの拳がフィットするところに正確に当てるようにしましょう。雑にならず、かと言って弱すぎないように、適度なプッシュを模索するのも大切な練習です。

ストライクのドリル３
歩いて来る相手をプッシュする

1. ３メートルほど間を置いて、ＡがＢに向かって歩いていきます。
2. ＢはＡを拳で受け止め、押し返します。

この時、足腰が踏ん張っているとＡの前進力に押し負けてしまいますが、リラックスできていればうまく受け止められます。押し返すときも決して力まず、ブリージングとともに相手に力を伝えます。足腰のふんばりを解消するために、Ｂが軽く足踏みをしたり、片足立ちになるのも良いでしょう。

顔なども同様に行ないます。Ａの前進力がそのままＡに返っていくのが理想です。

腕力で押し返すとつい腕が伸びきってしまいますが、リラックスしていれば押し返したあとも腕が適度な余裕をもった角度で曲がっているのが分かるかと思います。

拳を当てない部位

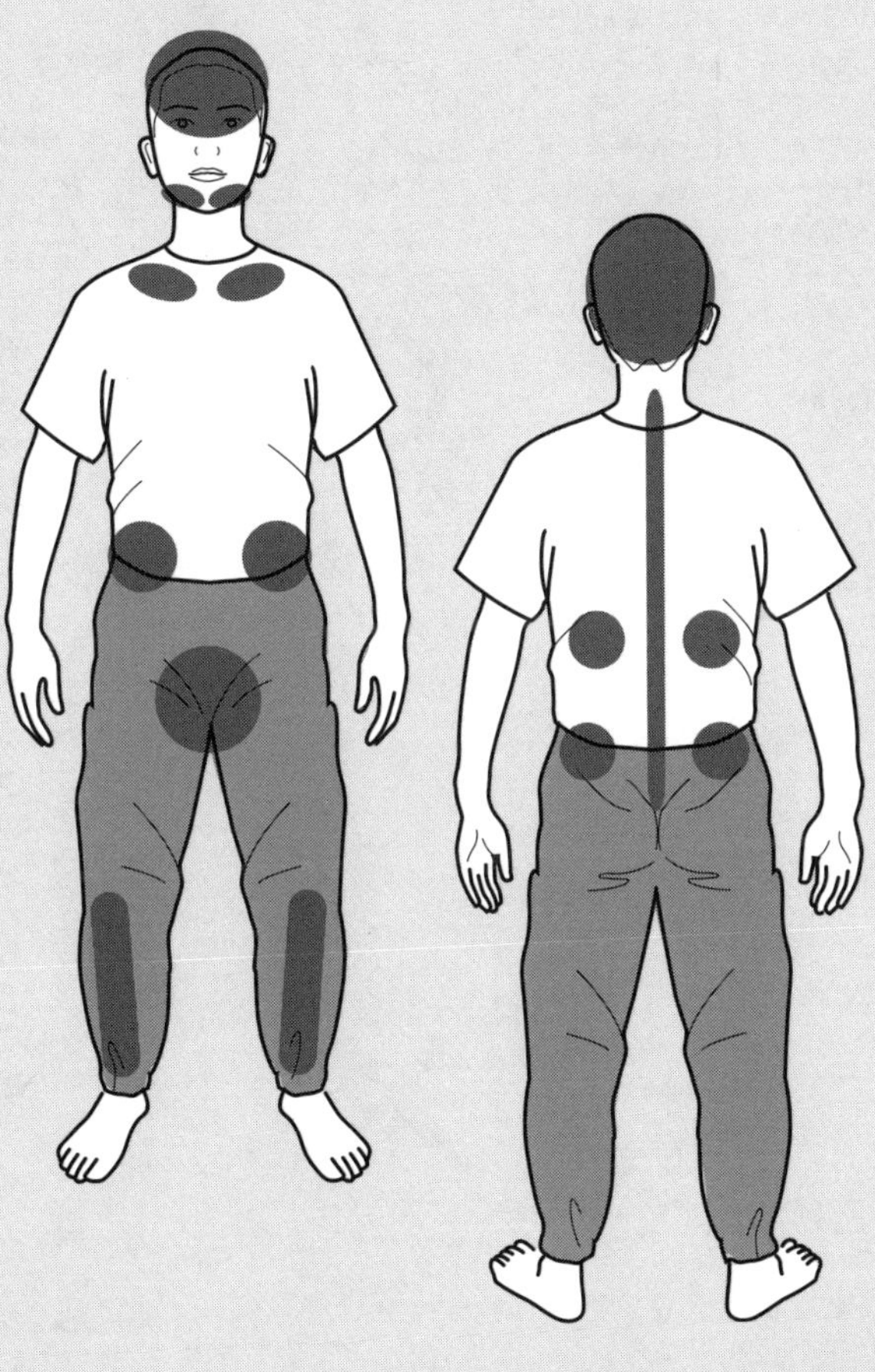

背骨、骨盤、鎖骨、頭部といった骨が出っ張っている部位にはなるべく拳を当てないようにします。骨折の危険がありますし、自分の拳を痛めることにもなりかねません。衝撃を効率よく伝える、という意味でも胸やお腹など拳がフィットする部位に当てた方が効果的です。また、金的や腎臓がある部位も臓器を傷める危険があるので、注意するようにします。ですがこれらはあくまでも、「気軽に打ってはいけない部位」であって「決して打ってはいけない」部位ではありません。ここに挙げた部位を叩く方法もありますが、やや特殊な方法になりますので、ここでは割愛します。

ここで大切な要素として加わるのが「方向性」です。パートナーの身体を様々なやり方でプッシュしていくと、力が逸れていってしまう方向とムダなく伝わっていく方向があることに気づくはずです。上手く伝えられれば相手は小さな力でも大きく姿勢を崩しますが、そうでない時には簡単に受け流されたり、跳ね返されてしまったりします。呼吸、リラックス、正しい姿勢といった原則を意識しつつ、よく相手を感じながら練習をすることで、より効率の良い押し方を見つけ出すようにして下さい。

「方向性」について

ある方向に力を伝えたくても、余計な緊張があると目指すのとは違う方向に向かう力もたくさん生まれてしまいます。これが「余分な力み」です。どのくらいの力をどの方向に伝えるのか、という方向性を明確にすることで、より多くの力を一つの動きに束ねることができます。明確な方向性を持った力を、的確な角度、部位から相手に伝えることで、ストライクの効果は高まります。

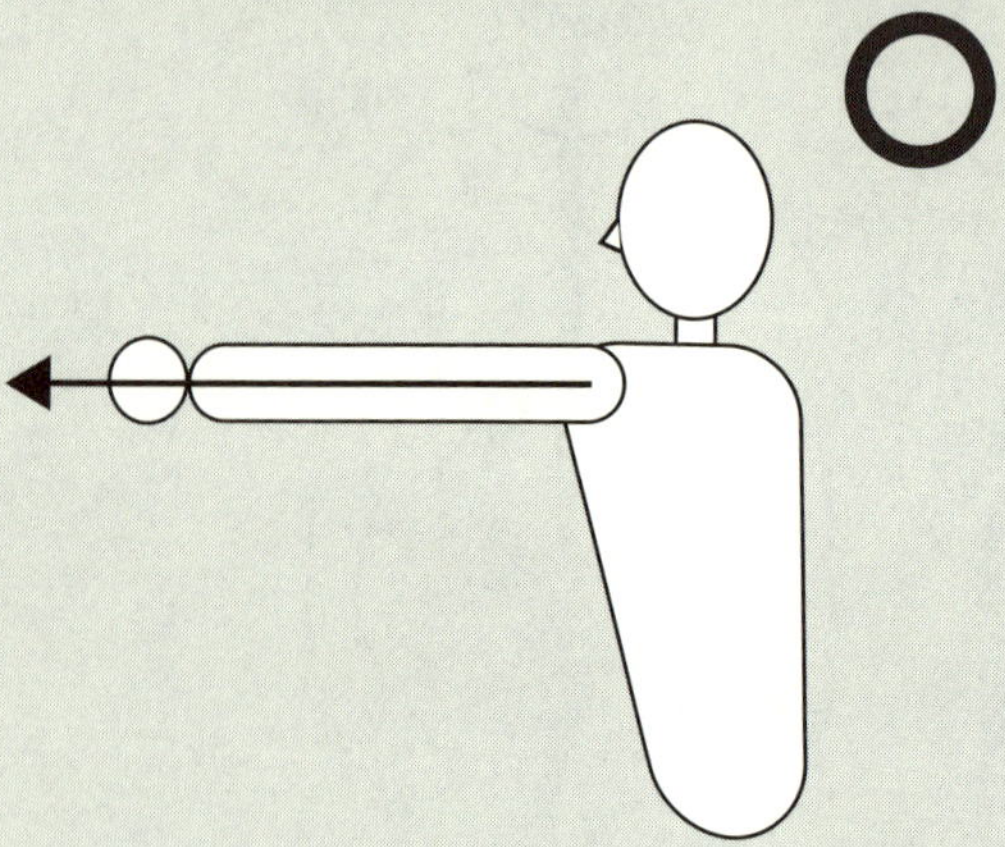

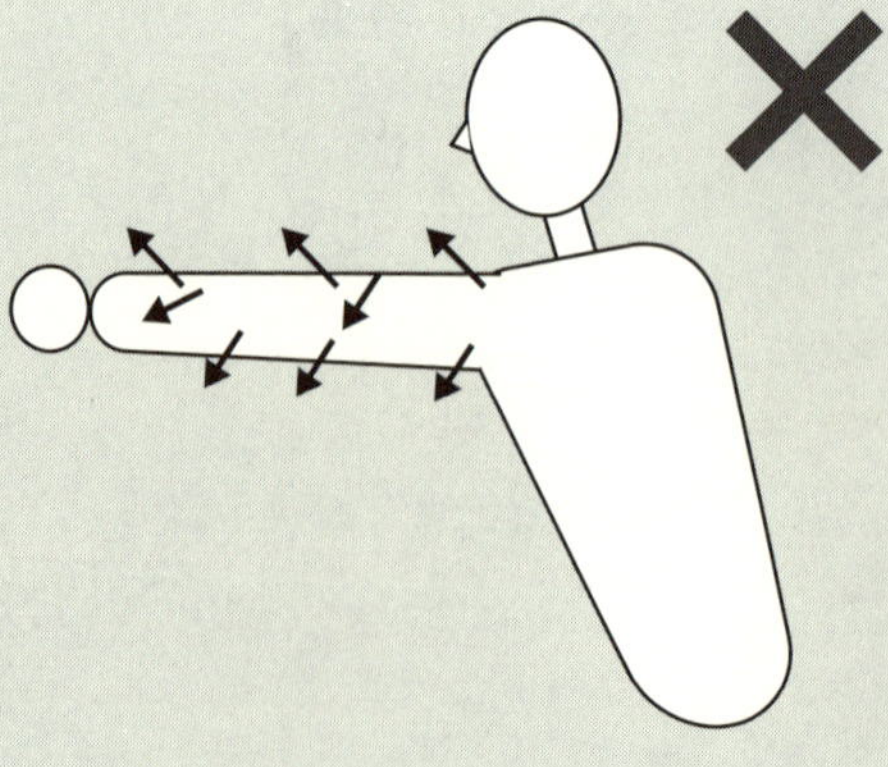

背骨が左右方向へ曲がっている。

背骨がねじれている。

背骨が前後方向に曲がっている。

また、プッシュされる側（A）は相手の拳から伝わってくる力をしっかりと感じ取り、それにそって動くようにします。姿勢が崩されそうになっても無理に踏ん張ったり抵抗したりせず、ブリージングとともに力を抜くことで拳を受け流していきます。特に足や腰（腰椎部）には自覚していない緊張が生まれやすいのでより念入りにリラックスさせるようにしましょう。初めのうちはプッシュを受け流そうとしてついつい大きく動いてしまいがちですが、それではせっかくBが与えてくれた力を吸収するだけで精一杯になってしまいます。このドリルは相手の力を利用する技術の土台にもなります。Bによるプッシュの力を受け入れつつもできるだけ姿勢を崩さないように心がけましょう。頭がグラグラ動いてしまうのも禁物です。

○パートナーに打ち込む

拳による接触に慣れてきたら、いよいよパンチを打ち込んでいきます。ここでのポイントは「マッサージをするようにパンチを当てる」ということ。読者の多くはお祖父さんやお祖母さん、ご両親の肩を叩いてマッサージをした経験があるかと思います。おそらく力任せにぶん殴ったりはせず、筋肉の緊張がほぐれるように、角度や当てる場所を色々と工夫し、効いているかどうか顔色を伺ったりしながら拳を当てていたのではないでしょうか。システマのパンチはどちらかというとその打撃に似ています。後述しますがシステマ式格闘技術の原則は「相手の緊張を利用する」ことです。それには相手の緊張をきちんと感じ取りつつ、的確な位置、方向性で衝撃を与える練習が必要です。そうした意味もマッサージのように打つ練習には含まれています。もちろんパートナーを傷つけないという配慮もありますが、実戦的な意味合いもまたあるのです。

慣れてきたら、次は筋肉の深さに打ち込むようにします。少しダメージが重くなってきますので、打つ側はパンチを打つ間隔を少し長めにして、パートナーの様子をさらに良く観察しながら打つようにして下さい。パンチの衝撃やそこからの回復にともなって相手の姿勢がどのように変化するか観察するのも大切なトレーニングです。

正しくトレーニングが行なわれていれば、パートナーの緊張が解消されて姿勢も徐々に良くなってくるはずです。

ストライクのドリル4

パンチを当てる1

1. Aは力を抜いて立ちます。
2. BはAの身体にパンチを当てます。
3. Aはパンチを受けると同時に息を吐き、身体をリラックスさせます。
4. BはAをよく観察し、ダメージが残っていないようであれば次のパンチを打ち込みます。もしダメージが残っているようであれば、回復するまで待ちます。

BはAを全身をくまなく打つようにします。自分の練習に没頭しているとついつい打ちやすい部位を打ちやすい打ち方で続けて打ってしまって、ダメージを集中させてしまうことがありますので、気をつけて下さい。

Bは衝撃が届く深さも調節します。最初は皮膚の深さが良いでしょう。深さの調節についてあまり難しく考えることありません。例えば狙ったところにボールを投げればだいたいその辺りに飛んでいくように、狙いを定めて打てば衝撃の深さもだいたいその通りになります。Aは全身をリラックスさせ、当たった瞬間に息を吐きます。呼気と一緒に身体の緊張や恐怖心も吐き出してしまうような感じです。当たる瞬間、恐怖によって反射的に身体をくの字に曲げてしまいがちですが、そうするとダメージが倍増してしまいます。特にインパクトの瞬間にリラックスするように心がけて下さい。

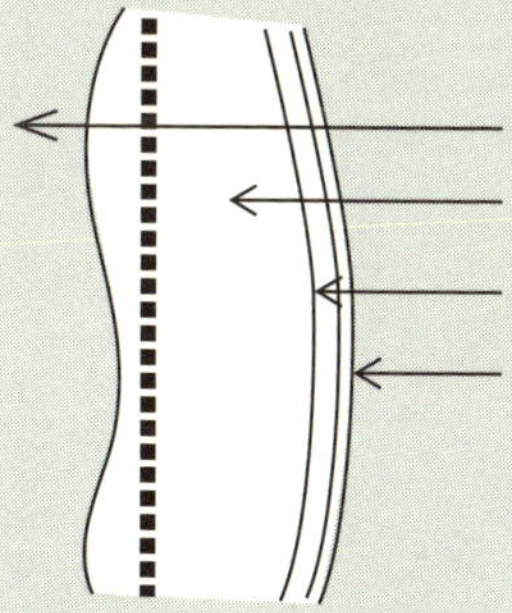

パンチの強さ・種類
（拳を突き込む深さではないことに注意）

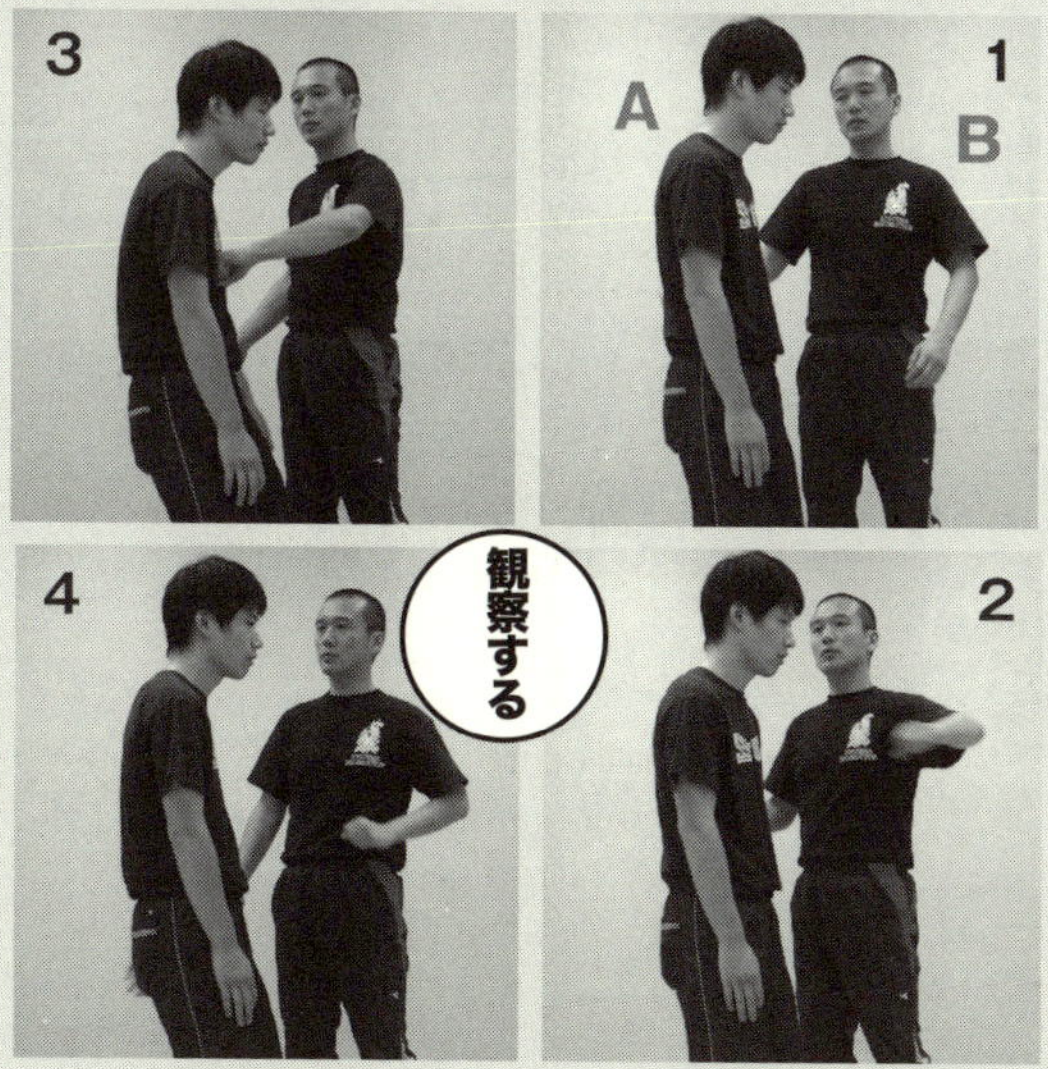

さらに慣れてきたらより深く、内臓の深さに衝撃を与えるようにします。とは言っても拳を深く突き込むのではないことに注意して下さい。拳からの衝撃だけが内臓に届いていくような感じです。この区別は少し分かりにくいかも知れませんが、両者を簡単に見分ける方法があります。拳を突き込むようなパンチは、パンチを打ち込んだ瞬間に腕全体が緊張し、棒のようになってしまっています。一方、きちんと衝撃力を伝えられているパンチは、打った直後も力が抜けており、すぐに別の攻撃を繰り出せる状態になっています。

このレベルの練習では今まで以上に質が重要となります。的確なパンチを一発だけ打ったら相手に十分な回復時間を与えるようにします。もしダメージが残っていたり、無理をしているように感じられたらマッサージなどによって、回復をサポートします。打たれる側もブリージングによって回復しつつ自分の余力をきちんと見極め、必要であれば練習を終える判断をするのも大切です。もう十分だと思った時には恥ずかしがらず、相手に「ありがとうございました」とお礼を言って終えましょう。下手に完全燃焼してしまうと、練習を続ける意欲が失われてしまうことがあります。それではせっかくシステマを始めた意味がありません。継続的な練習で確実に上達していくなら、3割くらいの余力を残すくらいでちょうど良いのです。

また、強い打撃＝深い打撃とは限らず、軽い打撃＝浅い打撃とも限りません。強くて浅い打撃もあれば、軽くて深い打撃もあります。最初からそこまで使い分ける必要もありませんが、ストライクは単に強く打てば良いものでない、ということを意識していただければ結構です。大切なのは威力ではなく、必要なエネルギーを必要なだけ、必要な部位に送り込む正確さです。それが的確なコ

ストライクのドリル4　パンチを当てる2

1. A は力を抜いて立ちます。
2. B は A の身体にパンチを当てます。

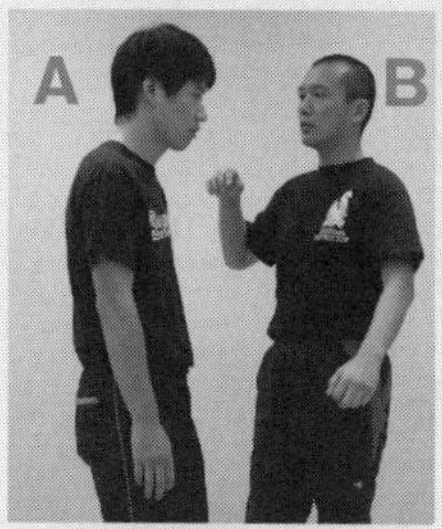

顔へのストライクは身体を叩く時以上に、注意して行なって下さい。

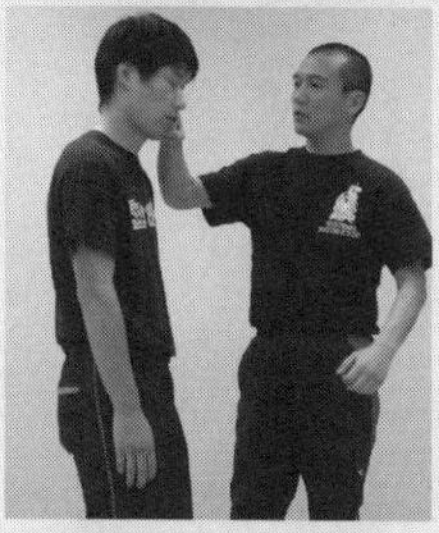

拳がフィットする部位に当てます。A はブリージングでリラックスします。

A は顔だけでなく首や背骨、足などもくまなくリラックスさせ、全身で衝撃を吸収します。特に肩が緊張していると力の伝わりが阻害されて、首を傷めてしまいます。

B は、A の精神状態を観察し、きちんとストレスを解消できたか見極めます。もし恐怖や緊張が残っているようであれば、呼吸するよう促します。

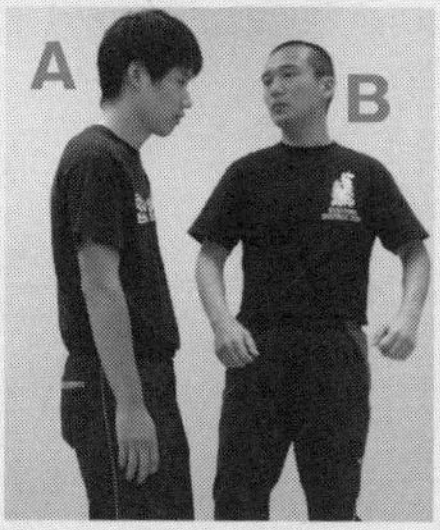

B は相手の恐怖や緊張を見極めます。もし強い恐怖を感じているようであれば、ブリージングするように促します。また、あえて大きく拳を振り上げてパンチの軌跡を見せ、当たるタイミングを予測させるのも良いでしょう。正しいタイミングで息を吐く練習に役立ちます。

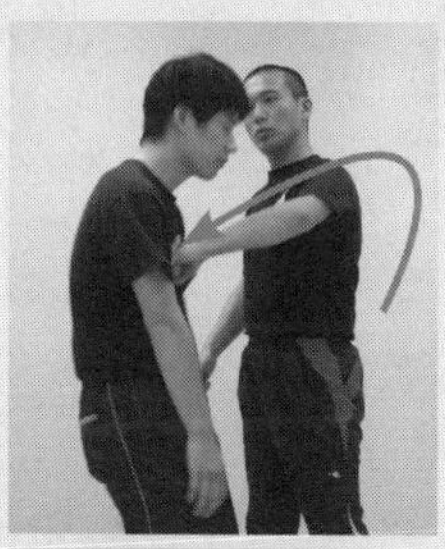

拳を落とすようにパンチを当てます。B も A もインパクトの瞬間にリラックスするように努めて下さい。

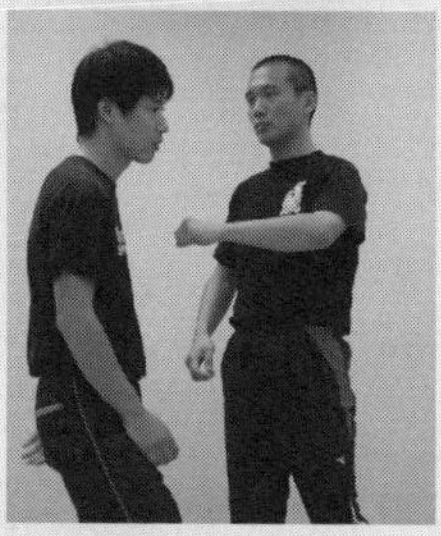

パンチの衝撃をブリージングで解消します。姿勢が崩れないように注意して下さい。B は相手の表情や呼吸の様子をよく観察し、ダメージの抜け具合や内的な変化を見極めます。

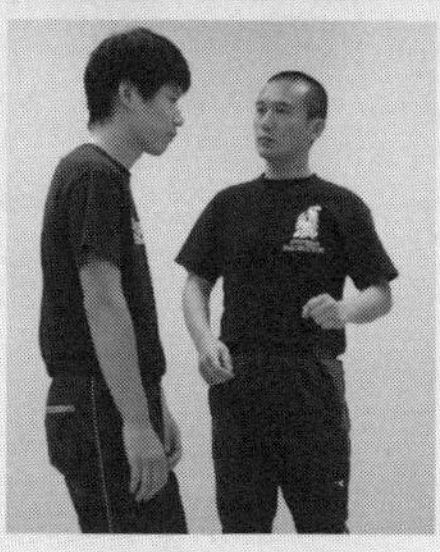

B は相手の回復を待ちます。もしダメージが大きすぎて回復に手間取っているようであれば、打った部位をマッサージしたり、姿勢を整えてあげたりして、回復をサポートします。

ストライクのバリエーション１

身体各部でのストライク

システマのストライクは拳だけでなく、肘、前腕、肩、胸、足など、全身で行なうことができます。詳細な練習は省略しますが、呼吸によってリラックスする事、それによって相手をコントロールしていく事など、原則はパンチとほとんど変わりませんので、各自で工夫されてみて下さい。繰り返しになりますが、いずれもインパクトの瞬間にどれだけリラックスできるかがポイントになります。

ストライクのバリエーション 2

相手をコントロールするストライク

ストライクの方向性がシャープになって来ると、一発のストライクで様々な影響を相手にもたらすことができるようになります。ストライクを打ち合う練習の時に色々と試してみると良いでしょう。難しく考えず、まずは気軽に試してみることを薦めます。

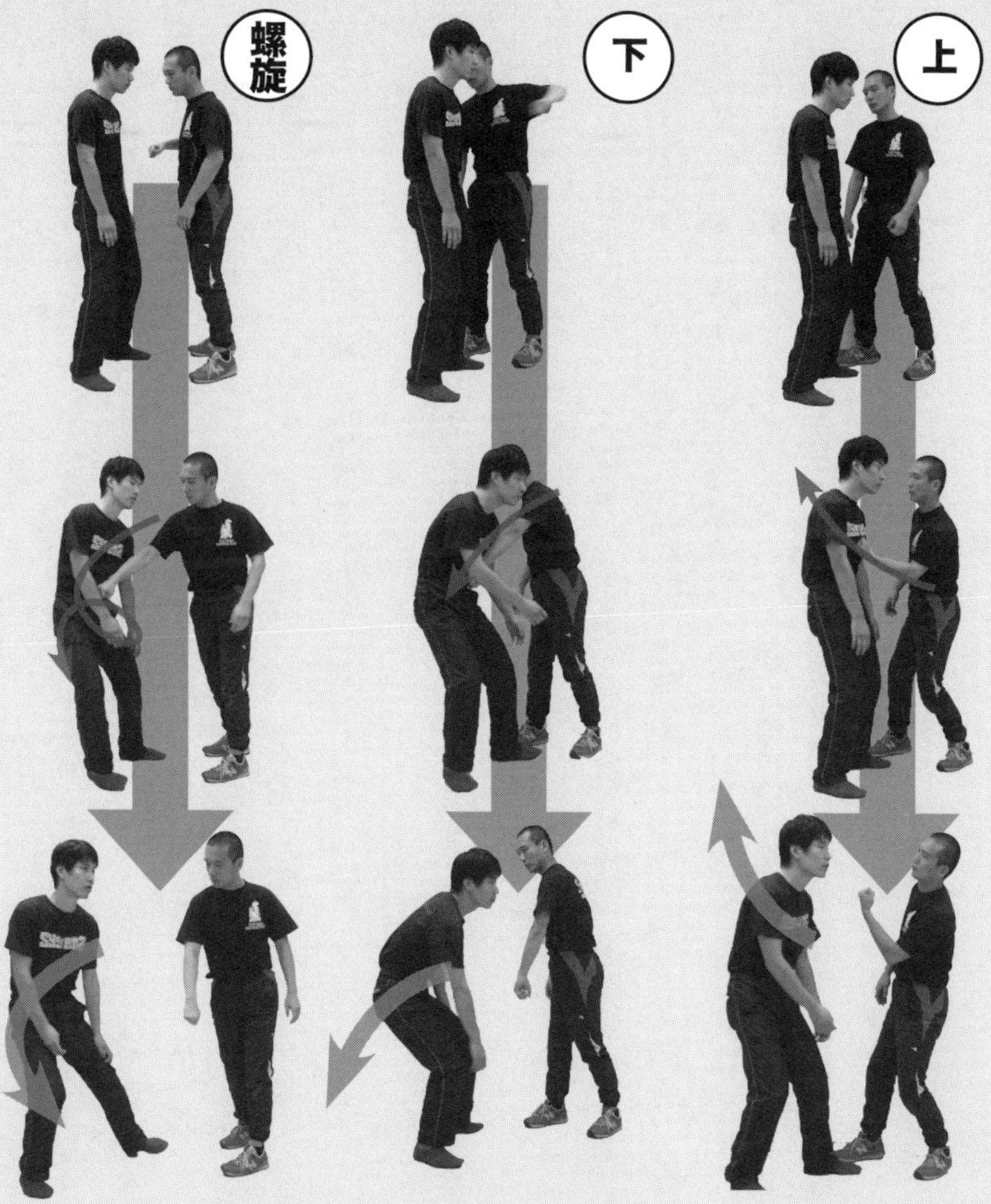

ントロールに繋がっていくのです。

お互いの信頼関係もまた練習の質を大きく左右します。信用しづらい相手のパンチに対しては、余分に身構えてしまって当然です。それをブリージングでリラックスしていくのももちろん大切な練習ですが、「どこまでリラックスできるか」という観点に立つならば、やはり信頼できる相手にパンチを打ってもらった方が効率は高まります。なぜなら相手への恐怖や不信感などを脇において、パンチから来る恐怖や苦痛への対処だけに専念できるからです。システマの生徒達が優れたインストラクターのパンチを受けたがるのは、深く信頼できるからに他なりません。

ストライクの練習はタフな外見とは裏腹にとても繊細です。ですから慎重に行なうべきなのですが、いかに威力を高めるか、相手にダメージを与えるかという事に心が捉われてしまうと、パートナーをいかにリラックスさせるか、自分のストライクが相手にどのような影響を与えているか、といったことへの注意が抜けてしまいます。このような場合、相手を肉体的、精神的に無駄に傷つけてしまう確率が高まりますし、パンチを受ける側も不安によって緊張してしまうのです。そのような練習ではただのガマン比べの域を超えることはできません。

「もっと上手になりたい」「自分の強さを見せつけたい」と願う感情は、誰にだってあります。でもそれにとらわれ、視野が狭くなってしまうことで、自分や相手、そして周囲に対する認識がおろそかになってしまいます。そうならないように自らをコントロールしていくのも、サンドバックではなく実際に人の身体を打つからこそできるトレーニングの一つなのです。

相手の限界を見極め、それをほんの少しだけ上回るように仕向ける。それが優れたパンチのトレーニングです。そうやってお互いに高め合うからこそ、独学だけでは決して得られないレベルアップを遂げることができるのです。

○歩く相手へのストライク

どんなに威力のあるパンチを持っていても、当たらなくては仕方ありません。逆にどんなに強固なガード、タフな身体を誇っていても、たくさん当てられてしまうようではいつか壊れてしまいます。そこで攻防ともに重要となってくるのが「動き続ける」という原則。相手に対して自分が有利でなおかつ安全な位置に動き続けるのです。その位置とはつまり、相手の攻撃が届かず、かつ自分の攻撃が確実に当たる位置ということ。ここから紹介するのはそういった「ポジショニング」の技術を養うドリルです。パンチを通じて養った「手」の動きに「足」の動きをプラスしていくのです。

ポジショニングについて

まずは四原則の一つ「動き続ける」を踏まえ、一箇所に居着かないことが大切です。また、相手が近づいたのにあわせて身構えたり飛び退いたりせず、散歩している時のような何気なさで、相手の進路から立ち去ります。相手に反撃する際には、同じように何気なく、拳が楽に当たる位置へと移動します。あえてゆっくりと練習を行ない、足を踏み出す角度や位置について研究するのも良いでしょう。

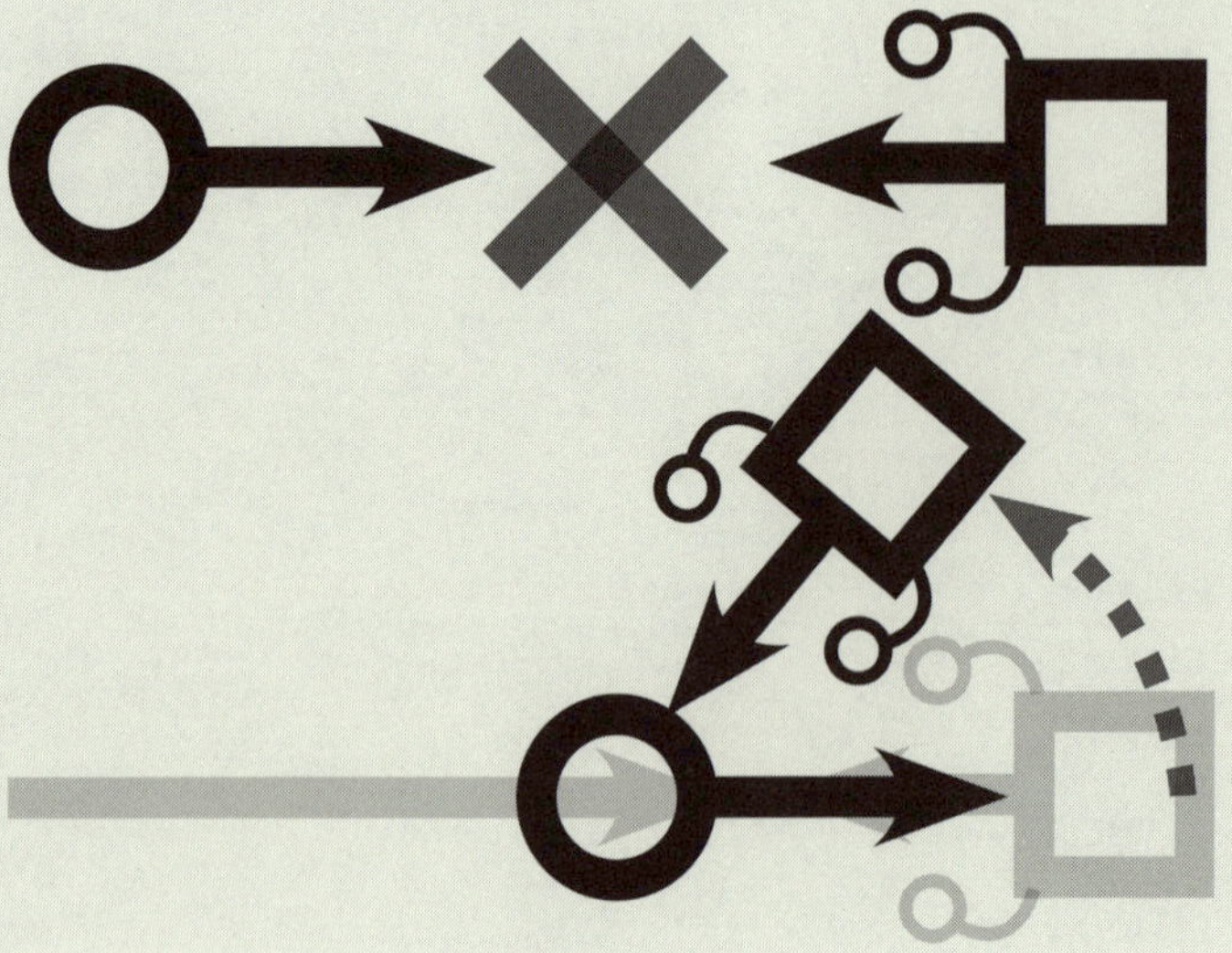

ポジショニングのドリル1

1. リラックスして立つAに対し、3〜5メートルほど離れたところからBが真直ぐ歩いていきます。Aは呼吸によって力を抜きながら何気なく避けます。Bとの距離が詰まってくるにつれて、ほのかな違和感が感じられたりすると思いますので、そういう微妙な感覚にも気を配るようにして下さい。
2. BはAがもといた位置を通り過ぎたら、数歩歩いてAと少し離れ、再度Aに向けて歩いていきます。Aの正面からだけではなく、横や背後など様々な方向から歩いていくようにします。Aもその都度Bの方に向き直ったり注目したりせず、Bの存在など気づいていないかのようなさり気なさでBの進路から移動します。また、AはBが歩いてくるのを待ち構える必要もありません。つねに自然に何気なく動き続けます。

相手の接近に対して身構えてしまっています。構えを取ると対応できる方向が限られてしまいますので、システマではあまり推奨されていません。

相手から回避する動きが大きくなりすぎてしまっています。この場合、飛び退く前後に大きな緊張が生まれてしまうため動きが不自由になるうえ、エネルギーをロスしてしまったり気配が漏れてしまったりなど、色々と不都合なことが起こります。

ポジショニングのドリル２

1. 今度はＡの避ける動きに手の動きをつけ加えます。
2. Ａは何気なく両拳を身体の前面に構え、ドリル１と同じように歩いてくるＢを避けます。

これに慣れてきたら、Aはすれ違い様にBの身体に拳を当てるようにします。

Aは無理に手を伸ばしたり縮めたりして当てるのではなく、Bの攻撃が当たらずかつ自分の拳が楽に当たる位置へと移動することで当てるようにします。足さばきをメインとし、両腕はなるべく動かさないようにして下さい。ある程度余裕がでてきたら、両拳を使って何度も触れるようにします。

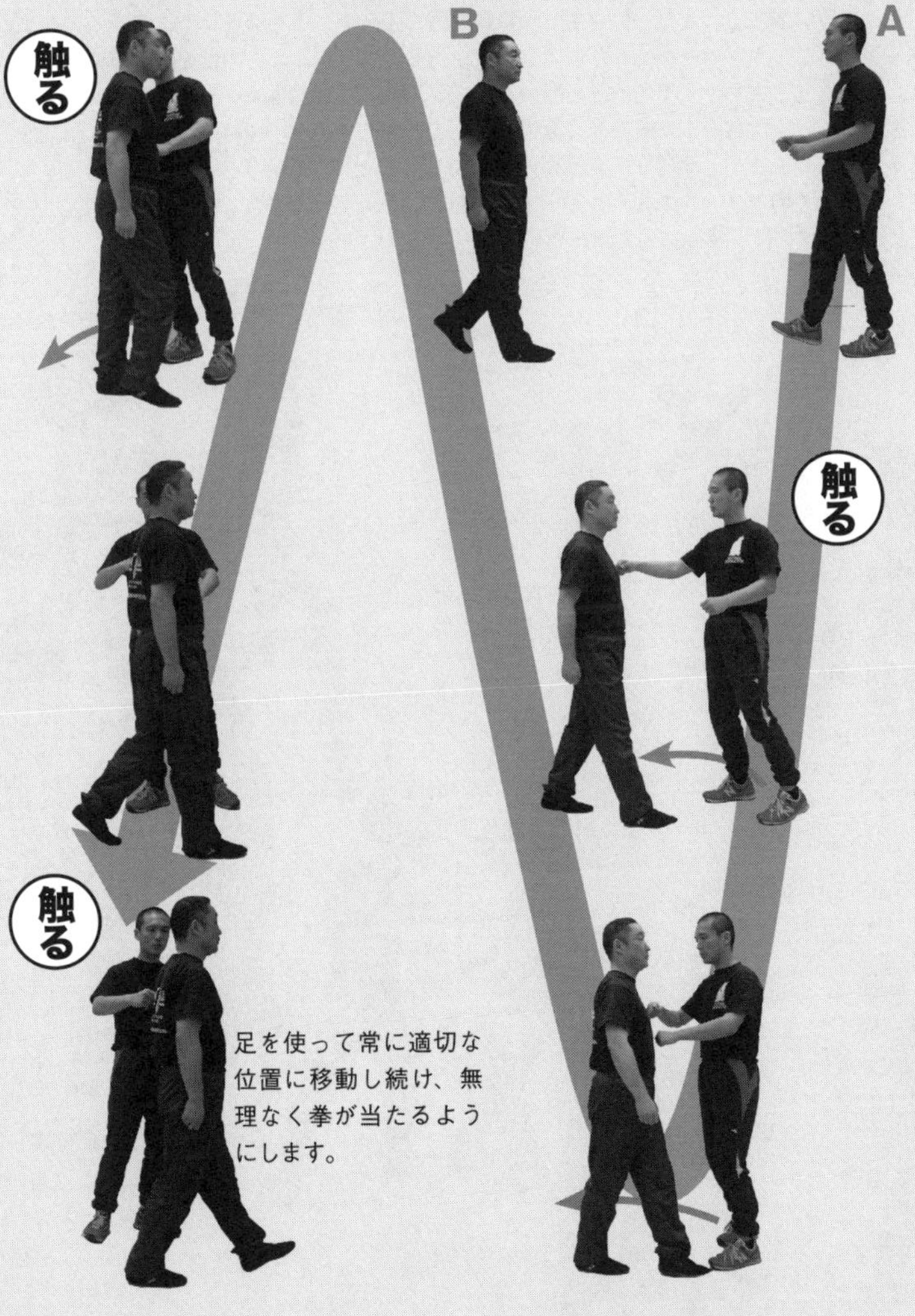

足を使って常に適切な位置に移動し続け、無理なく拳が当たるようにします。

ポジショニングのドリル３

ドリル２を少し発展させて、今度は歩いてくる相手をプッシュします。

1. Ａは両拳を身体の前で軽く構え、歩いてくるＢを避けつつ拳で押します。押すのは正面にこだわらず、お腹や背中、腰、頭部など全身どこでも構いません。色々な部位をまんべんなく押すようにします。すると、ストライクのドリルと同様、楽に押せる部位とそうでない部位があることが分かってくると思います。また、プッシュする際に足を踏ん張ってしまわないように気をつけます。
2. ある程度相手にプレッシャーを与えられるようになったら、プッシュに方向性を加えていきます。ただ押すだけでなく、左右や上下方向など様々な方向にＢを押します。下向きの力を加えればＢの足を居着かせたり、尻餅をつかせたりできますし、上方向であればＢの重心を持ち上げ、投げやすくすることもできます。明確な方向性が拳にともなうことで、相手をコントロールするパンチへと変わっていくのです。また相手が動いている場合、軽く押せるタイミングとそうでないタイミングがありますので、そういった点にも気を配って下さい。

B
A
押す
足の踏ん張りで姿勢が崩れている。
足を踏ん張らない。
常に足が動くように。

ポジショニングのドリル4

次はプッシュをパンチに変えます。呼吸に動きを連動させ、相手の様子や自分の身体、心の緊張などをつねに観察しながら行ないましょう。周りで練習をしているトレーニング仲間の様子を観察できるくらい余裕をもてる速度でやるようにします。最初は軽いパンチから始め、お互いに慣れてきたら少しずつ威力を上げていきます。威力のアップにともなって緊張が生まれやすくなりますので、くれぐれもブリージングを忘れないよう意識します。

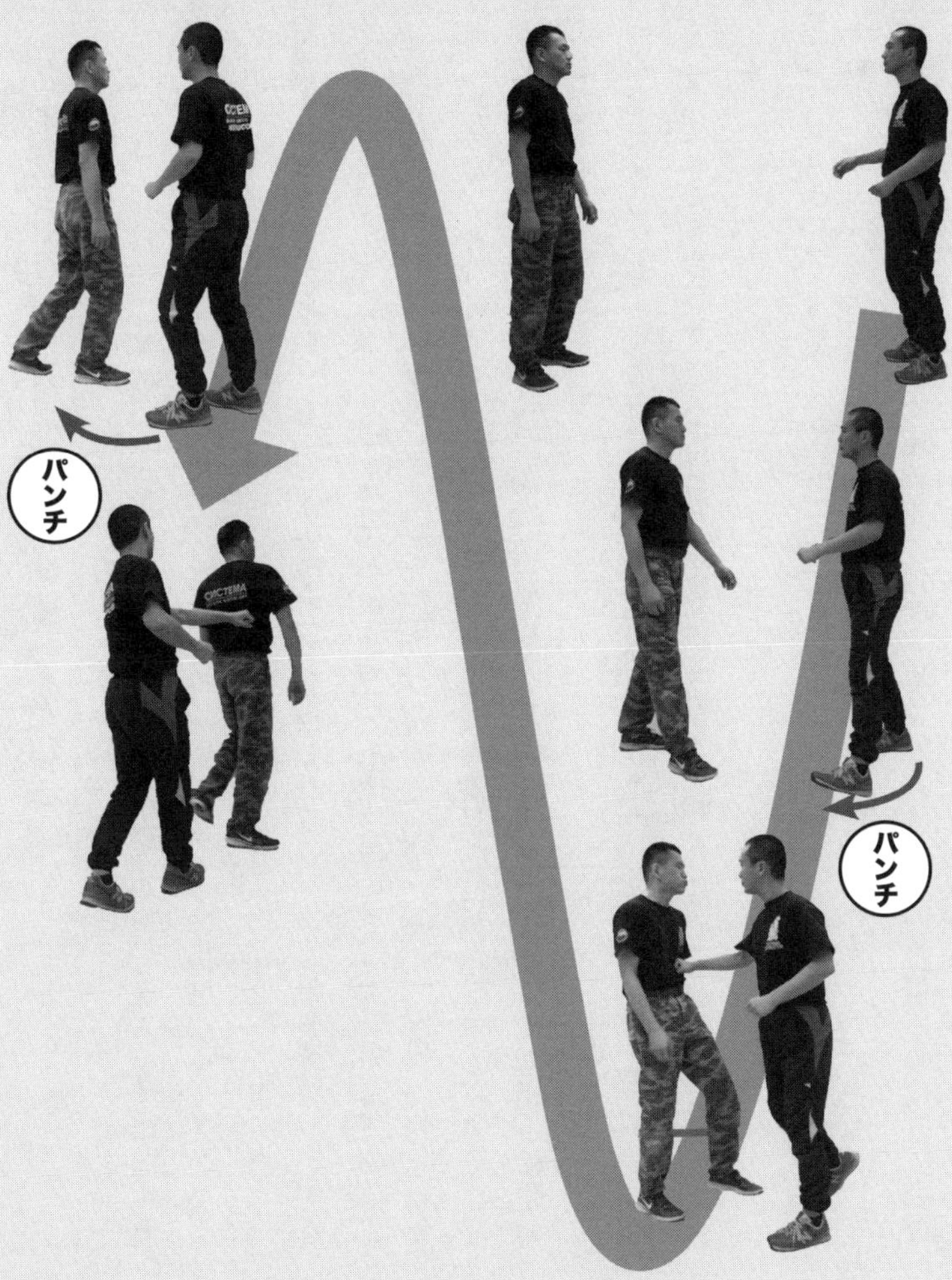

6 システマ式格闘術の原則…相手の緊張を使う

相手を打つ、蹴る、崩す、投げる、極める、押さえ込む、刺す、斬る等など。システマには相手を制するための多種多様なテクニックがありますが、それらは全てある一つの原則がベースとなっています。

それは「相手の緊張を利用する」というもの。本書ではくり返しリラックスの重要性について述べてきましたが、それはつまり「緊張＝弱点」となってしまうためです。ですから相手を制する時にはその弱点を逆に利用するのです。緊張している部位はいわゆる「隙」として攻撃の的となりますし、投げ技や崩し技が効きやすくなるばかりか、軽い打撃でも効果的にコントロールすることができます。そのうえ筋肉の緊張によって神経が表面に露出するので、僅かな打撃でも相手に強いショックを与えることができます。

ではその「緊張」をどのようにして見つけ、どうやって利用するのか。それを学ぶ上でとても効果的なドリルとして、ミカエルやヴラディミアが教えているものをご紹介しましょう。

まず左ページのドリルを見て下さい。これは言ってみれば、「正しい拳の当て方を自分の身体に教えてもらうドリル」です。やってみると分かりますが腕立て伏せの状態でパートナーの身体に上ろうとすると、極めて不安定で危険な状態になるので、自ずと安定しやすそうな位置、角度、圧力で拳を置きたくなります。理屈より先に本能的にそのような欲求が生じるのです。安定しやすいところとは即ち固いところ。つまり緊張があるところです。安定を求める本能の働きを利用することで、拳を置く適切な位置や角度が分かるのです。だからこそAの人はなるべく不安定な状態になる必要があります。これは蹴りやナイフでの攻撃についても同様に応用することができます。

また、Bにとってはストライクを受ける練習になります。極めて微妙なバランスで両者が支えあう形になりますので、少しでも力が入るとすぐによろけてしまいます。それでもなんとか安定しようと力を抜いていくことで、負荷の分散のさせ方をよりシビアに学ぶことができるのです。軽く足踏みをするようして足腰を動かし続けるのが下半身のリラックスを保つコツです。

緊張を察知するドリル1

対人フィスト・ウォーク

1. 適度な距離をおいてAとBが向かい合って立ちます。
2. AはBの足から順に拳を当てて、しっかり安定するところを探しながら、拳を使ってBの身体を歩くように上っていきます。Bは足腰を固めて踏ん張るのではなく、全身をリラックスさせ、Aとバランスを取るようにして立ちます。Aはできるだけ足を伸ばし、より不安定になるようにします。
3. AはBの肩の高さまで達したら、再び下ります。

ヴラディミアはこれを「少なくとも前面を2往復、背面を1往復すると良い」と教えています。慣れないうち、Bは壁をサポートに使っても構いません。

相手からの負荷が強い場合、軽く足踏みして緊張を防ぎます。

緊張を察知するドリル2

緊張を打つ

ドリル1に慣れたら、これをより動的な状態で行なうようにします。

1. AとBは3メートルほど離れて立ちます。
2. AはBに向けて真直ぐ歩き、ゆっくりと掴み掛かったり、殴り掛かったりして行きます。
3. BはAの身体に生じる緊張にパンチを打ち込みます。上手く緊張にヒットすればAの姿勢が大きく崩れるはずです。より丁寧に練習する場合は、パンチではなくプッシュから始めても良いでしょう。Bはあまり考え過ぎずに一つ前のドリルと同様に、拳の行く先を身体に任せるくらいのつもりでパンチを打つようにしましょう。盲滅法に打つのではなく、自分の身体をよく感じるのがポイントです。相手がナイフ等の武器を持っていても同様です。

システマでも寝技のスパーリングを行ないますが、総合格闘技や柔術とは「動き続ける」ことを非常に重視している点で異なるかも知れません。膠着を避けるためにマウントポジションやガードポジション、押さえ込みなどの姿勢をとってもすぐに解き、より有利な体勢になれるように動き続けていくのです。これはシステマが対多数を想定しているためです。倒れたまま膠着してしまっては第三者に蹴られ放題となってしまって非常に危険だと考えます。

緊張を察知するドリル３

寝技への応用１

緊張を利用するのは寝技においても同様です。

1. A は仰向けに横たわります。B はその脇に座ります。
2. A は立ち上がろうとします。B はその際に起こる緊張を押さえます。うまく押さえられれば A は立てなくなるはずです。
3. A は力を抜いて再び立ち上がろうとします。
4. B は新たに生じる緊張を押さえます。
5. これをある程度の時間、もしくは A が立ち上がるのに成功するまで続けます。

B
A
B
A
リラックスで
Bの手を
受け流します。

緊張を察知するドリル４

寝技への応用２

ドリル３でＢは手を用いてＡの動きを制しましたが、同様の事を胴体を用いて行ないます。

1. Ａは仰向けに横たわります。Ｂはその上に覆い被さるようにします。Ａに体重を預けきるのではなく、胸で軽く触れるくらいにします。
2. Ａが起き上がろうとしたらその緊張を察し、胸やお腹などで押さえます。
3. ＡはＢの下から逃れようと試み、ＢはＡの緊張を押さえることでそれを妨げます。
4. ある程度の時間、もしくはＡが脱出に成功するまで続けます。

○テイクダウンのテクニック１

続いて紹介するのはテイクダウン（相手を倒す技）のテクニックです。これも非常にたくさんありますが、ここでは中でも代表的なものを紹介します。

テイクダウンのテクニック１

二方向の力を用いる

相手の背骨を折ったり捻ったりするように、背骨で交わる２方向の力を加えることによって相手を崩します。四原則のうちの一つ「背骨を真直ぐ」を逆利用したものと言えます。

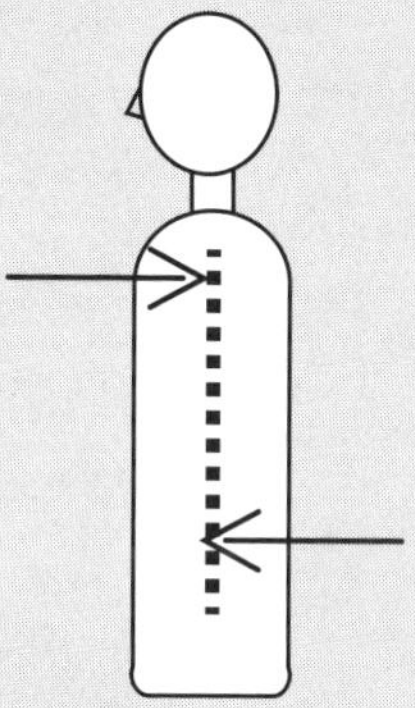

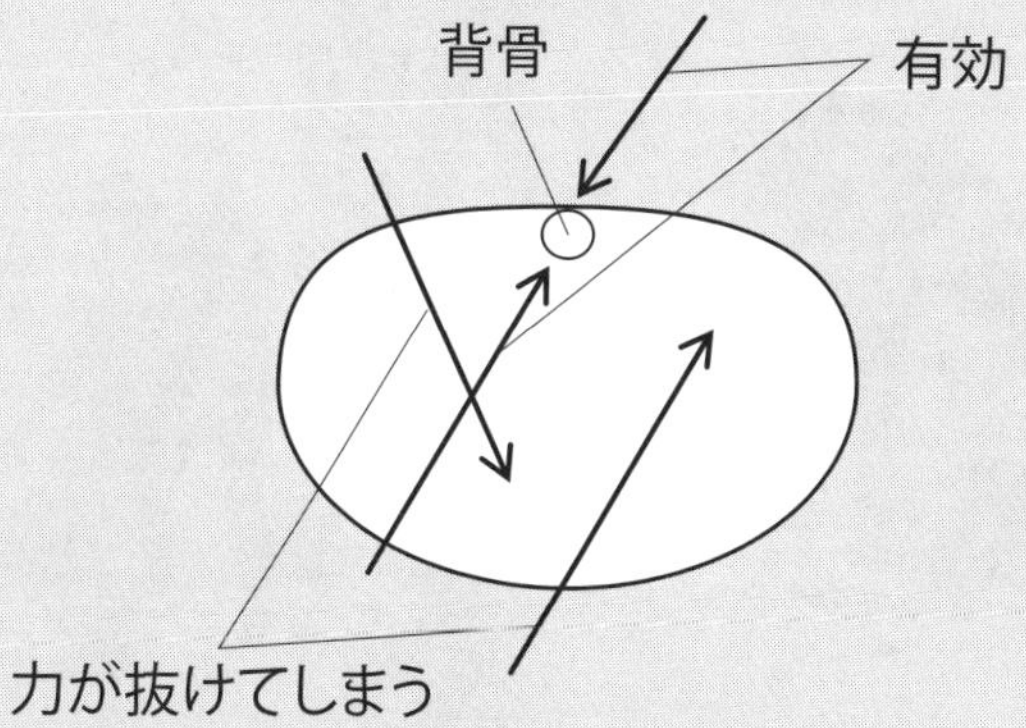

テイクダウンのドリル１

二方向の力を用いるテクニック

1. AはBの傍らに立ち、高さを変えた２点で相手を挟むように手を置きます。まずは首もとと腰に左右の手を置くようにすると良いでしょう。
2. Aは両手を背骨に向けて押し込みます。この時、両手から伝わる力が真直ぐ背骨に伝わるようにして下さい。
3. 上手くいくと少ない力でも相手の姿勢が崩れます。

テイクダウンのドリル２

二方向の力を足で作用させるテクニック

同様の事を足も用いてやります。ブリージングによってリラックスしながら、威力ではなく適切な部位と方向性によって崩すようにして下さい。肘や肩の力を抜く、姿勢を整えるといった注意点は他のドリルと全く同様です。

テイクダウンのドリル３

動く相手を崩す

今度は移動する相手を同様にして崩します。
1. AとBは３～５メートルほど離れて立ちます。
2. BはAに向けて真直ぐ歩いていきます。
3. Aは歩いてくるBをこれまでと同様にして崩します。ポイントはBに力を伝えやすい位置にAが移動する事。ハグできるくらいの位置関係を目安にすると良いでしょう。

最初はゆっくりと、徐々にスピードを上げていくようにして下さい。Aがパンチを用いたり、Bがゆっくりと攻撃を仕掛けたりするのも良いでしょう。うまく崩せない時にはえてして足を踏ん張ってしまっています。動きの流れを止めず、力まないように留意しながら相手の２点に働きかけて下さい。

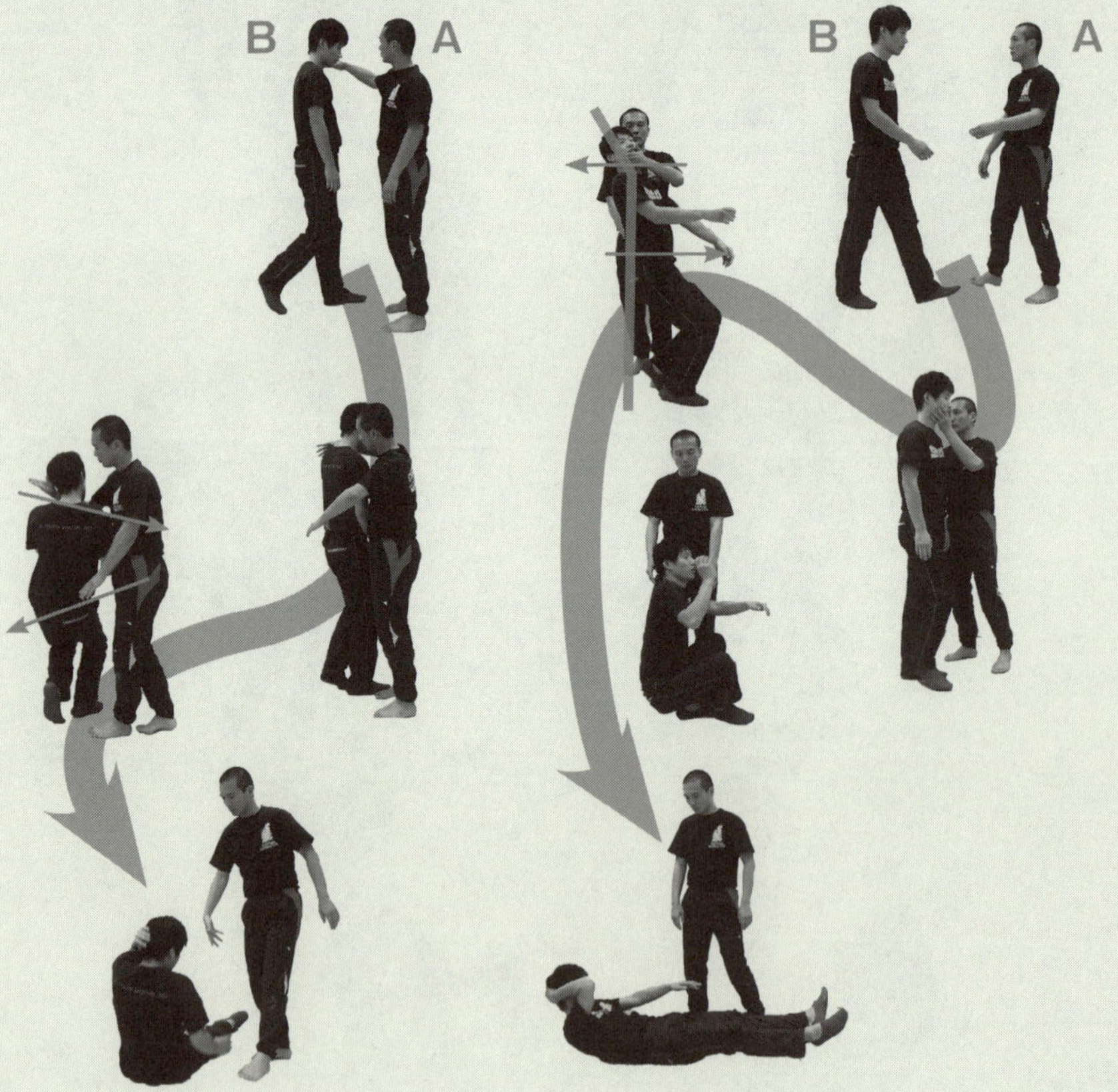

テイクダウンのドリル4

二方向の力を用いるテクニックのバリエーション１

二つの力の位置や方向に決まりはありません。パートナーと意見を交換しながらいろいろと試してみて下さい。倒そうとするあまり、力むのは禁物。うまくいく時はとても軽い手ごたえで相手をコントロールすることができます。

テイクダウンのドリル４

二方向の力を用いるテクニックのバリエーション２

離れすぎていると、相手をコントロールできません。

相手の進む力を用いる

2つの力のうちの1つとして相手の前進力を使えば、片手でやることも可能です。

一定のパターンにとらわれることなく、お互いの身体に作用している力を丁寧に感じながら練習を行なえば、様々なバリエーションを見つけることができるでしょう。

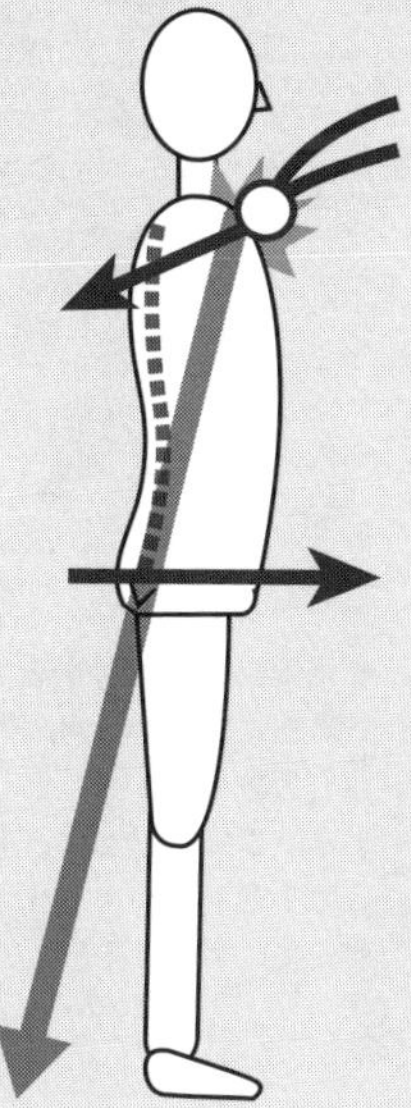

○テイクダウンのテクニック2　ジョイントロック

首、肩、手首、肘、膝、指など、全身の関節をひねったり伸ばしたりすることでも相手をコントロールすることができます。これもまた相手の緊張を用いる技術です。様々な武術や格闘技に多種多様な関節技がありますが、システマでは何か特定の技を修得する事はありません。人体の構造への理解を深めることで、臨機応変に関節技を生み出せるような感覚を養っていくのです。それにはまず、ストライクと同様にお互いに身体を解しあうことから練習を始めます。

関節の極め方を覚える、というより骨格の構造を理解するつもりで練習します。効果的な角度や力の加え方などを細かくチェックしていきましょう。また、関節はとてもデリケートですので、くれぐれも急激な力を加えないように注意して下さい。

ジョイントロックのドリル 1

1. A は力を抜いて立ちます。B は A の腕をとり、指や手首、肘、肩といった関節を曲げたり、伸ばしたり、捻ったりなど、様々なやり方でストレッチしていきます。
2. A はすっかりと力を抜き、B にされるがままにします。痛みや緊張を感じたら、ブリージングによって解消していきます。
3. B は A の両腕のあらゆる関節にまんべんなく力を加えていきます。脱力している関節は急激な力で実に簡単に折れてしまいますので、B もまたブリージングによってリラックスしながら、徐々に力を加えていくようにします。A は苦痛が強くなって来たら強くバースト・ブリージングを始めて下さい。 B はその時点でストレッチをストップします。B は A の関節を解してあげるつもりでやりましょう。
4. バースト・ブリージングが落ち着いて来た頃に B はゆっくりと手を離します。

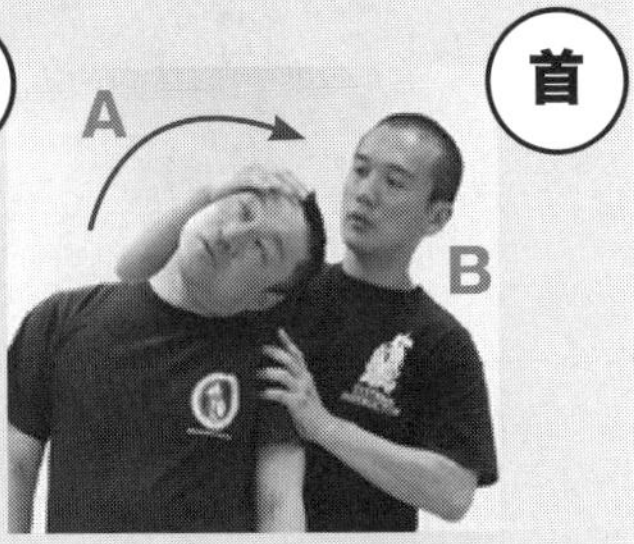

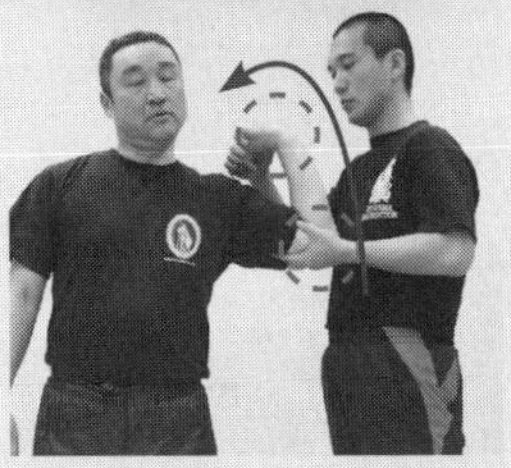

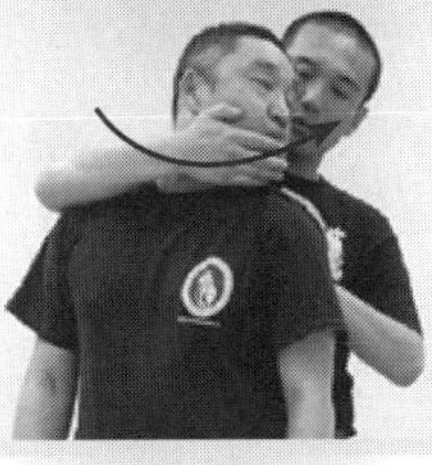

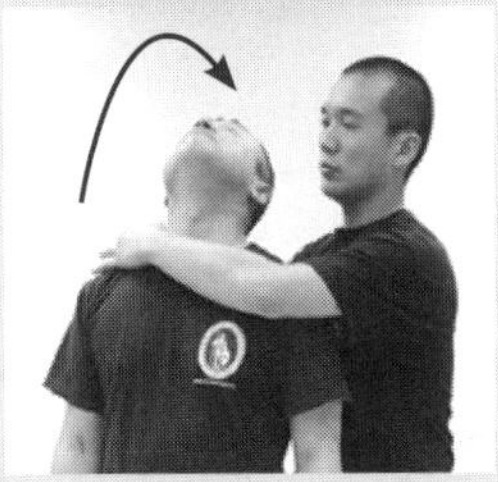

5. 続いてＢはＡの別の関節を同様にストレッチします。
このドリルではＡ、Ｂともに力の伝わりを良く感じるようにします。Ｂは自分の力がＡの身体にどのように伝わっていくか、ＡはＢの力がどのようなルートを通り、それによって自分の身体にどのような緊張が生まれているのかをしっかりと観察します。すると緊張している部位とそうでない部位を区別できるようになります。こうした作業をくり返す事で、人体の構造とそのコントロール法を学んでいくことができます。

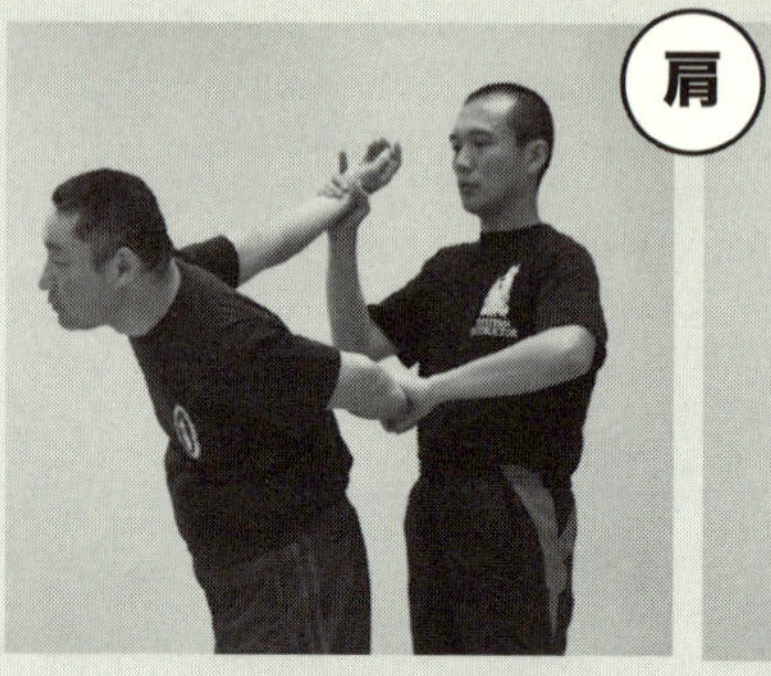

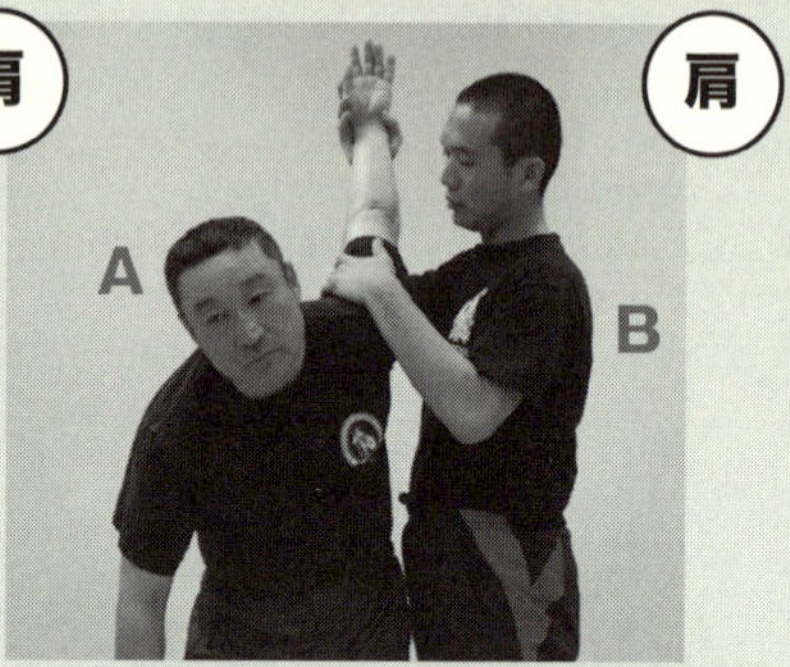

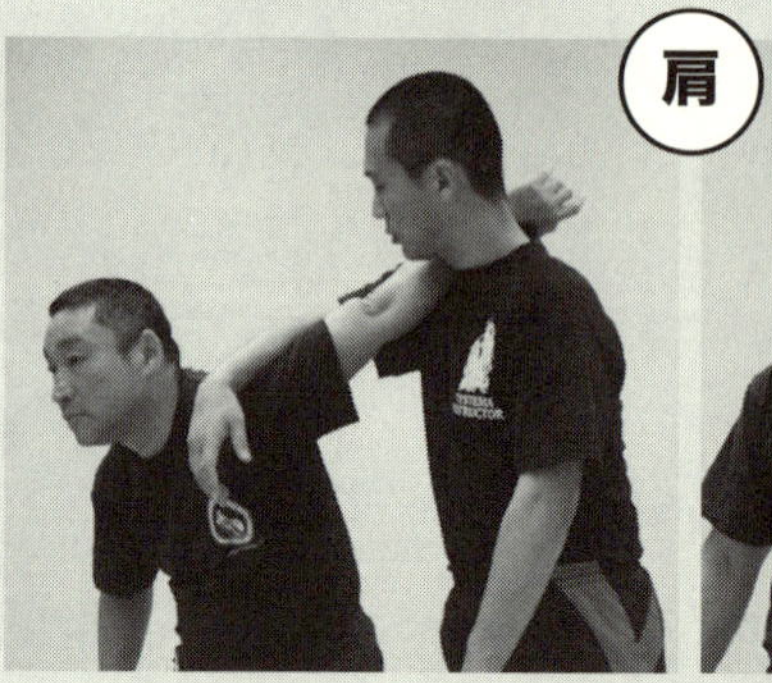

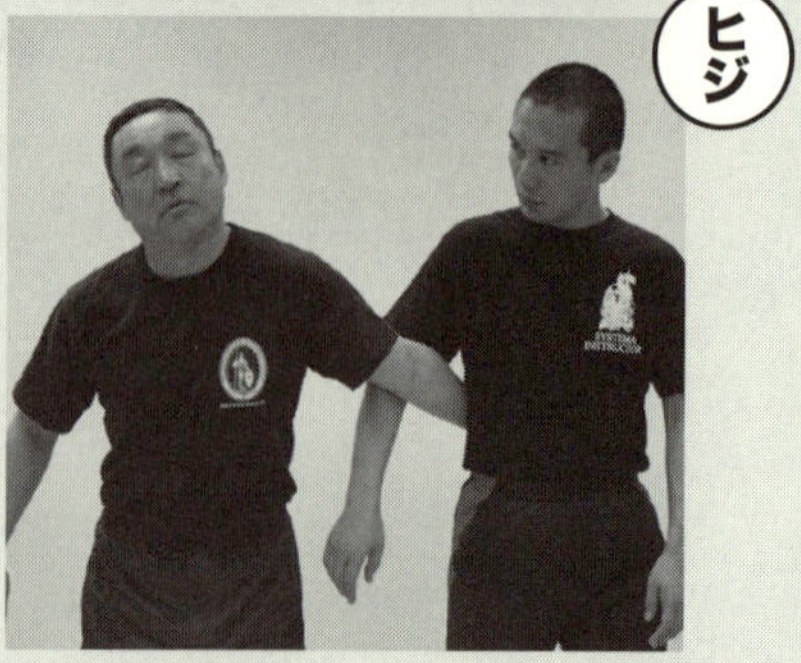

ジョイントロックのドリル２

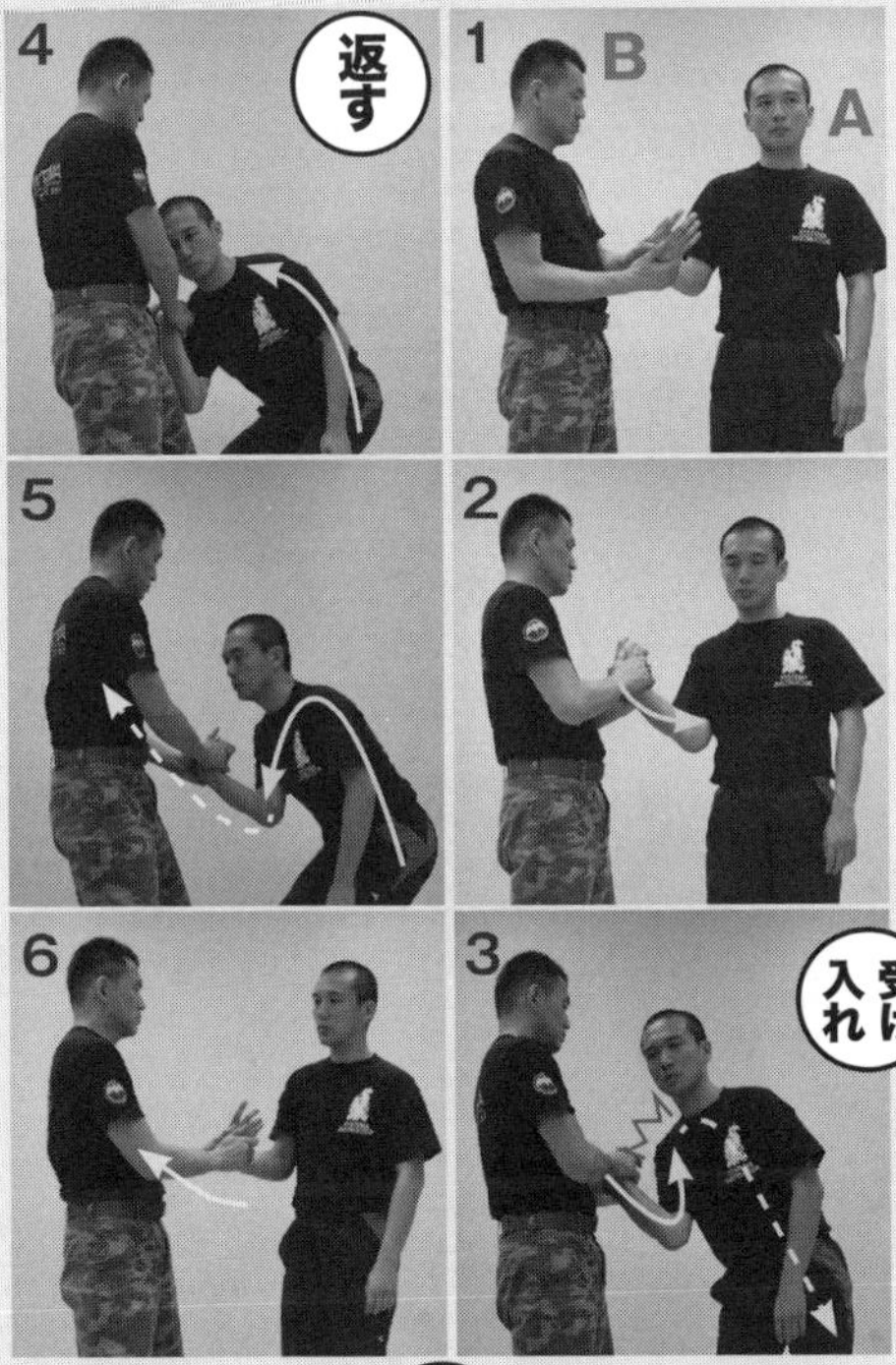

ドリル１に慣れたら、ジョイントロックを解除する練習へと移ります。

1. Ｂは１のドリルと同じようにストレッチの要領でＡの関節をゆっくりとロックしていきます。

2. Ａは完全にロックされた時点でバースト・ブリージングを始め、全身をリラックスさせます。ロックされている部位だけでなく、背骨や腰、脚なども含めて全てをリラックスさせて下さい。すると徐々にロックが外れてくるはずです。

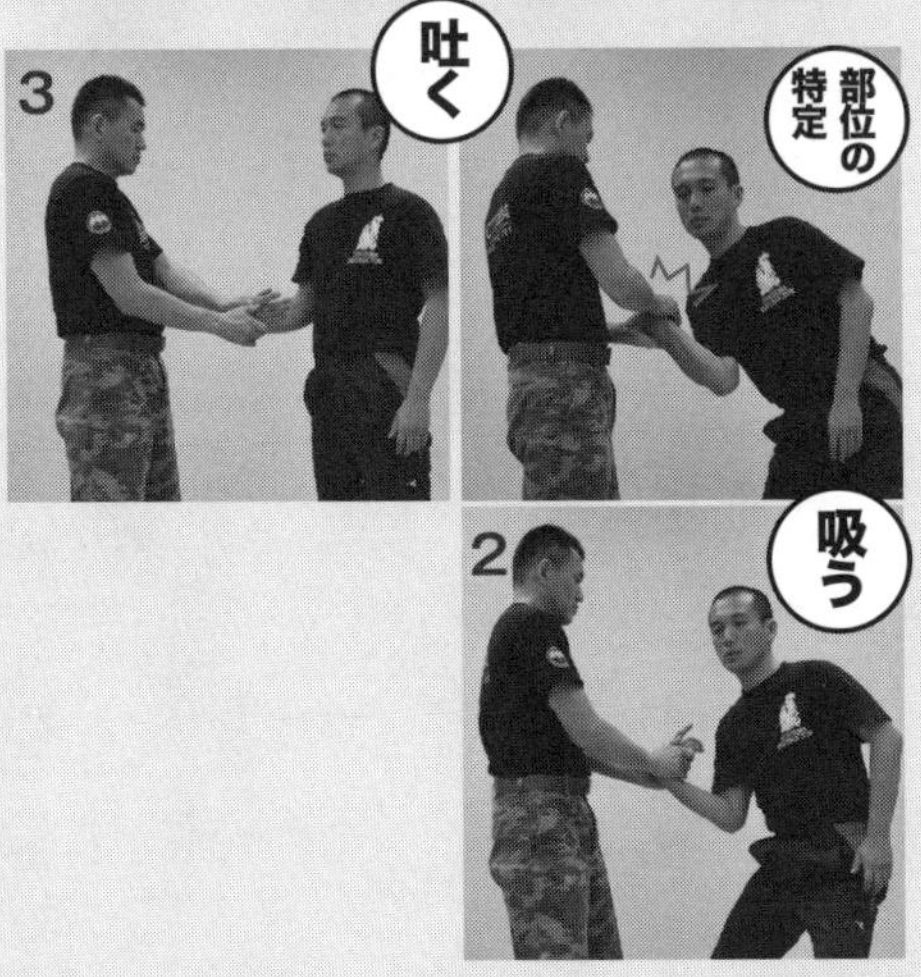

ロックが強くて解除しきれない、と思ったら次の方法を試してみて下さい。

1. ロックされている部位を良く意識し、一番痛みの強いポイントを特定する。

2. 息を吸いながら、そのポイントにめいっぱい力を込める。

3. 息を吐きながらその部位をめいっぱいリラックスさせる。

こうする事で関節に僅かな隙間を生み、骨格をほんの少し動かすことでロックが外れやすくなるのです。こうした小さな「隙間」の活用は、ピンチからのサバイブにおいてきわめて重要です。

ジョイント・ロックのドリル３

続いて、動く相手の関節をロックします。
1. B は立っている A の身体をプッシュします。
2. A は B の力に逆らわないように動きつつ、B の腕の関節をロックします。この時、手だけでなく肘や肩、胸や足など全身を使うように工夫してみましょう。A は足を止めてはいけません。腕のロックに慣れてきたら、B が押して来る力を利用して首や足の関節にアプローチしても良いでしょう。

関節を取ろうと意識しすぎると居着いてしまいます。

ある程度慣れてきたらプッシュの手をパンチや掴みに変えることでトレーニングの幅が広がります。もちろん、対ナイフの練習に応用させることも可能です。

足を用いたジョイントロック

足を使うことで、ジョイントロックのバリエーションがぐっと広がります。膝、大腿部、スネ、踵など、様々な部位でも試してみましょう。

複数の関節を続けて狙ったパターンです。同じパターンの繰り返しにならないよう、様々なやり方を試してみるようにしましょう。うまくいかなくても気にすることはありません。クリエイティブな練習を心がけて下さい。

対ナイフのパターン

同様にして対ナイフのトレーニングも可能です。まずは呼吸をしながらゆっくりと落ち着いて動くようにします。トレーニングナイフであっても、刃を握りこんでしまったりなどのミスをしないように気をつけて下さい。

7 ナイフディフェンス

本書は入門書ということもあってストライクやエクササイズに重点を置いていますが、ナイフテクニックもまた、システマを語る上で欠かせないものです。とはいえ、「リラックス」「ブリージング」といった原則はこれまでと全く同じ。ドリルも多くはこれまで紹介したもののバリエーションに過ぎません。ここでいくつかドリルを紹介しますので、これを参考にこれまでのドリルをナイフ用にアレンジしてみて下さい。

練習に用いるトレーニングナイフは、ゴム製や木製ではなく、金属製のものをお使い下さい。ヒヤリと冷たく固い金属の感触や独特の輝きに慣れておくのも、大切なトレーニングです。

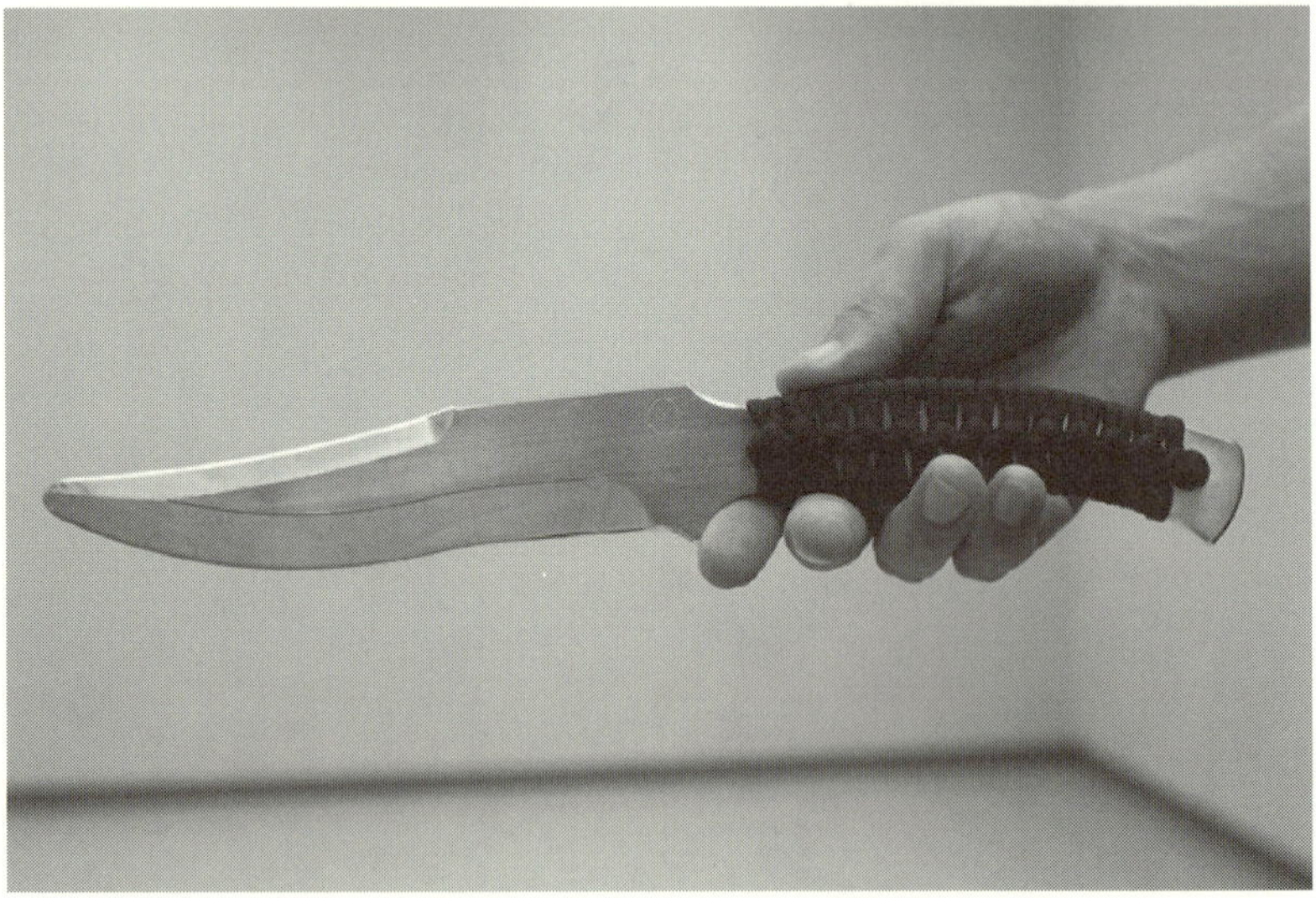

ナイフに慣れるドリル

手に持ったナイフで全身をくまなく撫で回します。指の間や背中、足の裏なども全てです。金属特有の固さ、冷たさをよく感じ、身体に緊張が生じるようであればブリージングによってリラックスして下さい。

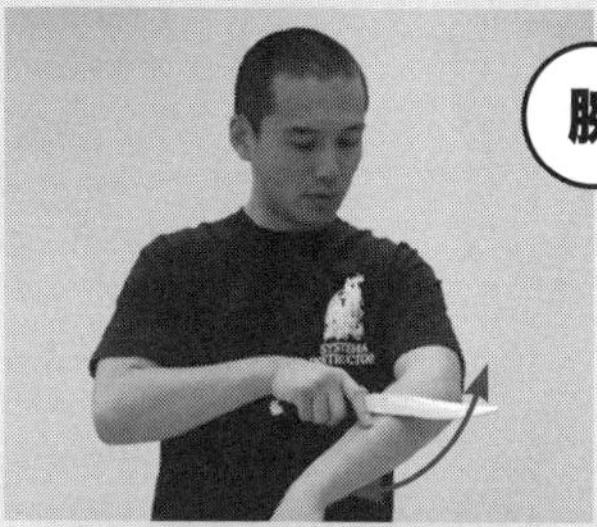

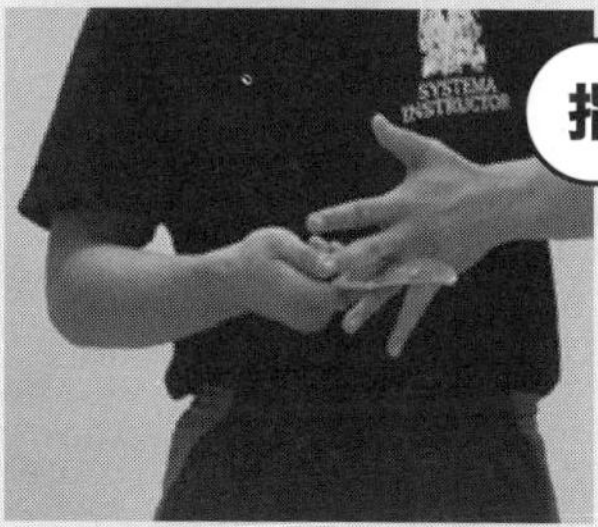

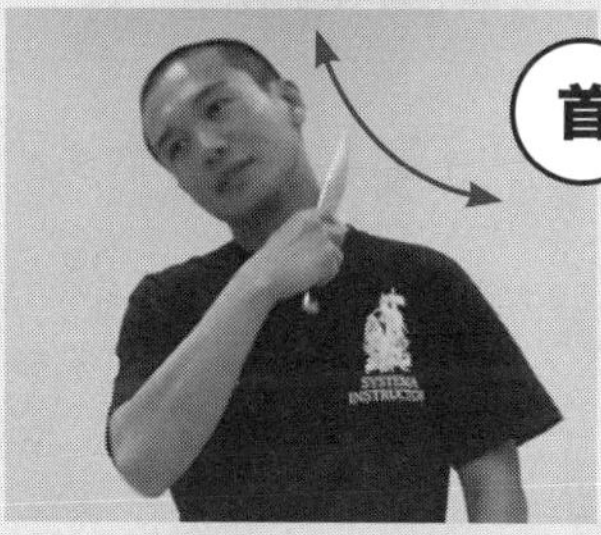

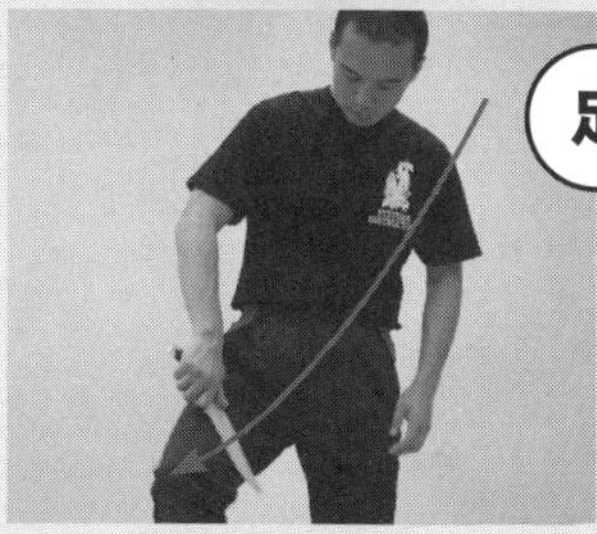

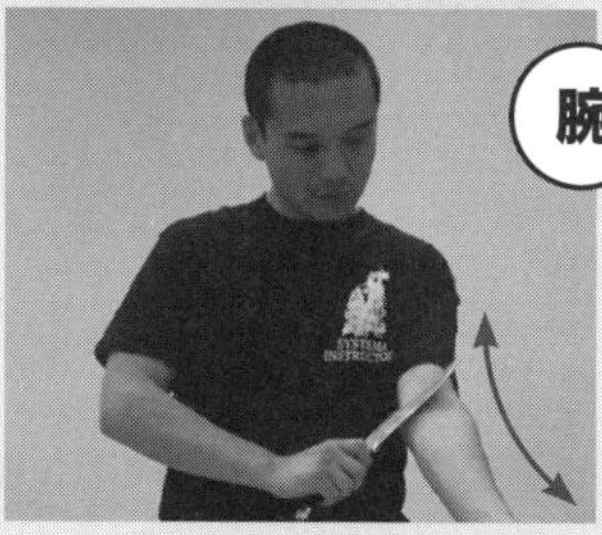

ナイフを受けるドリル１

1. Ａは力を抜いて立ちます。
2. ＢはＡの身体をナイフで刺すように押していきます。ＢはＡが多少の痛みを感じるくらいの強さで刺します。弱すぎては練習になりません。
3. Ａはナイフの動きに従いながら身体の力を抜き、ナイフをいなします。

初めのうちはゆっくりと、お互いにナイフを刺す感覚、刺される感覚をよく味わいながら練習します。また目を閉じて行うのも良いでしょう。ナイフを見る事で生じる緊張や、それにともなう姿勢の崩れを防ぐ事ができるためです。

ナイフでの刺し方は基本的にストライクと同じです。力む事なく、効率よく力を伝えられるように持って下さい。ナイフを強く握り込みすぎると腕の動きがぎこちなくなってしまいます。

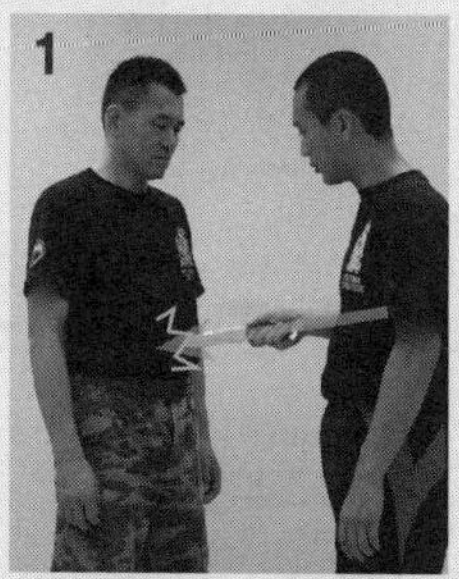

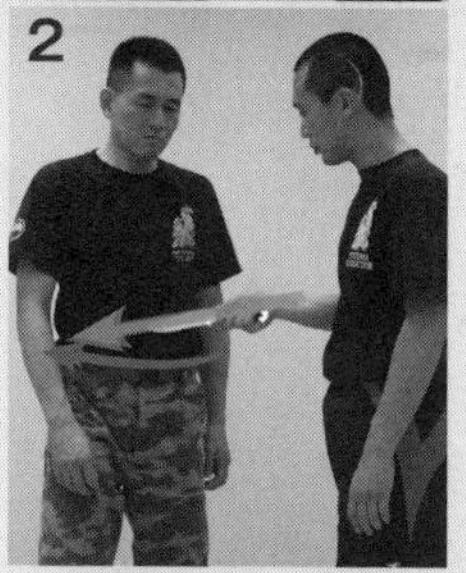

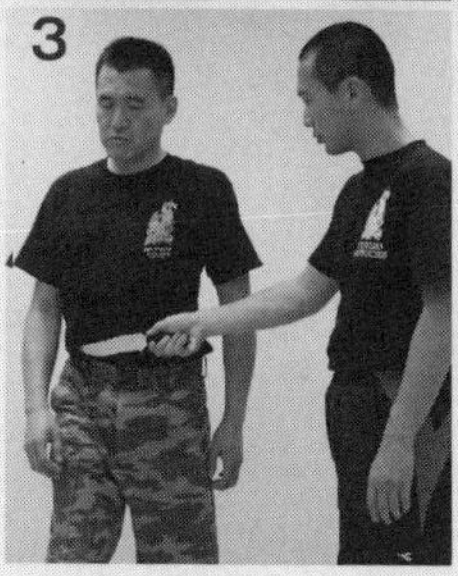

ナイフから伝わる力に乗るようにして、ナイフを避けます。それ以上でも、それ以下でもない、必要最低限の動きを見つけてみて下さい。

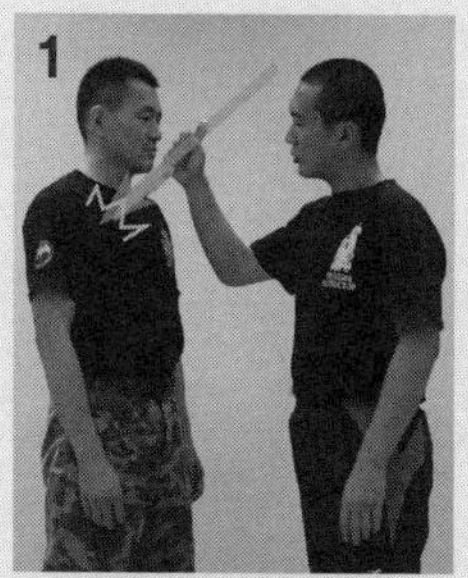

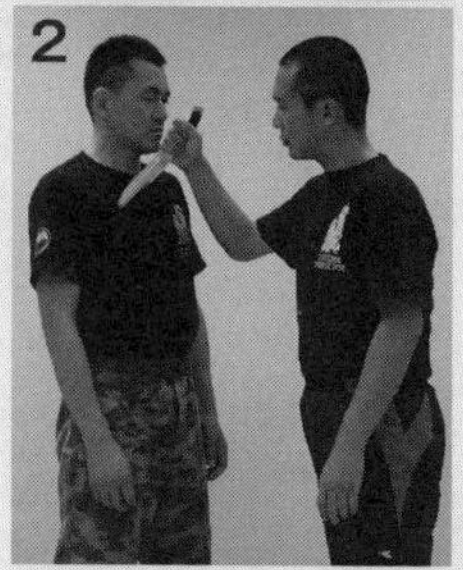

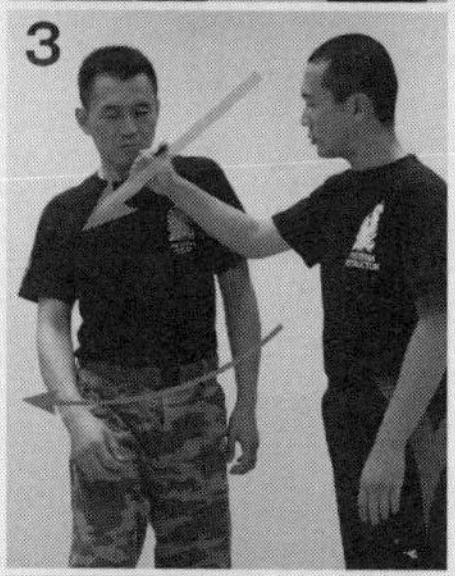

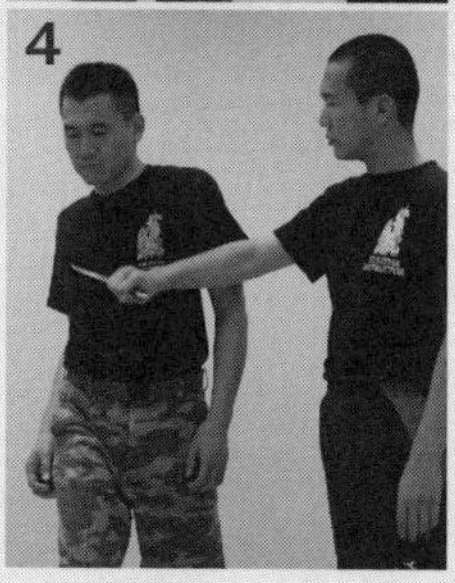

逆手持ちでも同様です。受ける側は全身をリラックスさせて、抵抗することなく、ナイフを受け流します。受ける側はナイフから伝わる圧力の強さや方向をよく感じ取るようにします。

悪い例

ナイフを恐れるあまり、大きく動きすぎてしまっています。多くの緊張が生まれ、姿勢も崩れていますので、相手が連続的に攻撃をしかけて来たら対処できません。

背面からの例

背面からも同様にして行ないます。恐怖心がこみ上げるのを感じたら、すぐに呼吸をして気持ちを静かに保つようにします。

ナイフを受けるドリル２

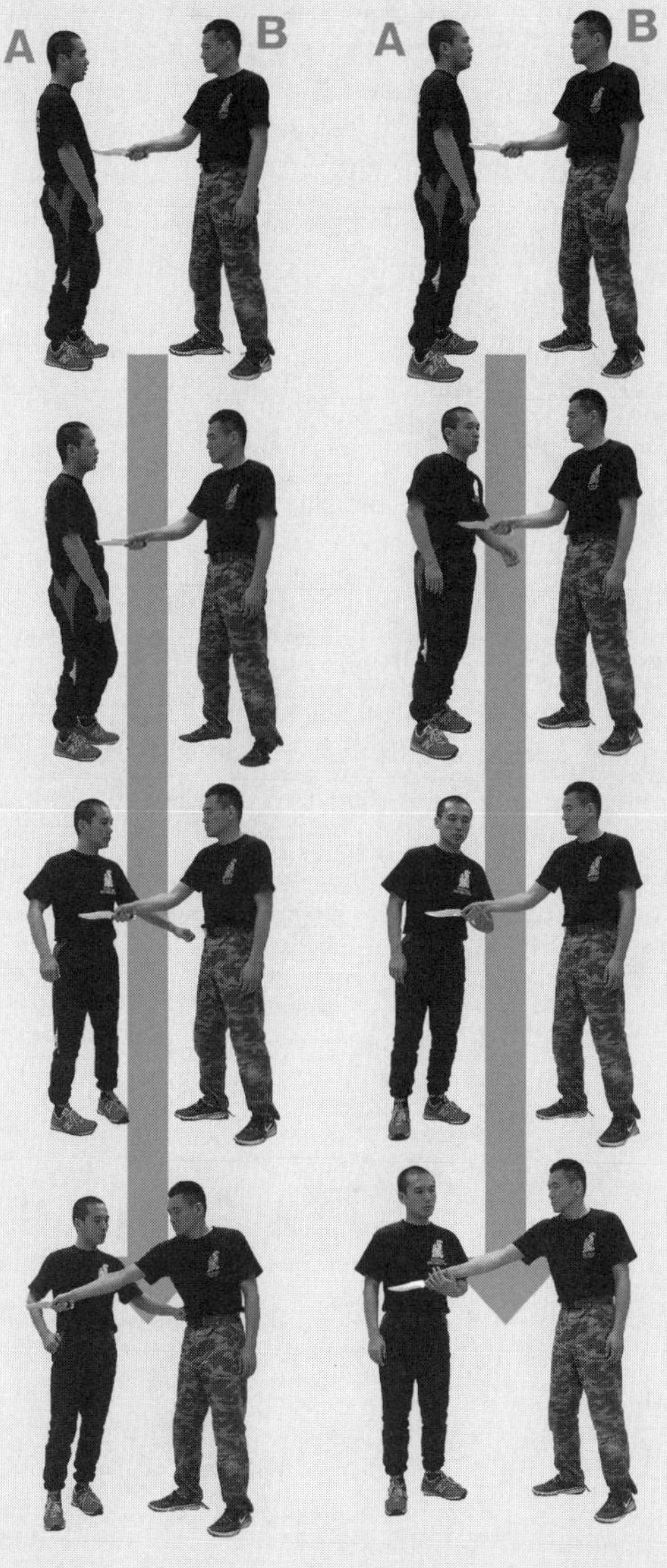

ドリル１に慣れてきたら、受ける側に少しずつ手の動きを加えていきます。

1. １と同様にＢがＡを刺します。
2. Ａはドリルと同様にリラックスしてナイフの刃をそらしますが、同時にＢの身体に触れるようにします。
3. これを様々な角度や部位で試します。

注意点としては、Ａはナイフをかわす動きと触れる動きを一つの動きで行い、バラバラの動きにならないように注意します。またナイフをかわした結果、触れにくい位置関係になってしまった際は、無理に触りにいったりせず結構です。優先順位が高いのはナイフの回避。それ以上のことはできる時だけで構いません。

慣れてきたら、ＡはＢに触れるだけでなくプッシュやパンチをしてみたり、すでにご紹介したテイクダウンのテクニックによって崩したりしてみても良いでしょう。またＢが突きやスラッシュ（切り付け）を連続的に繰り出すのを、Ａが適切な位置に移動することで避け、Ｂの身体に触れたり崩したりする発展バージョンもあります。

ナイフを受けるドリル３

スクワットをしながらナイフを受け流していきます。プッシュアップやシットアップでも同様に行なうことができます。緊張している部位は、動きがつかえてしまってうまくナイフを受け流すことができません。自分の緊張を知り、解していく上でとても良い練習になります。

○ナイフによるコントロール

システマでは例え敵であっても極力、傷つけずに制することを目指します。その方が将来に禍根を残す事もなく、長期的な視点で見た場合にお互いにとって最低限の損害で済ませることができるからです。ナイフを持っているからといって、必ずしも相手に致命傷を与えなくてはいけないということではありません。ナイフの特性を最大限活用することで、相手を傷つけずに無力化することも可能です。次のドリルは「ナイフ＝切ったり刺したりするもの」という固定観念を取り除き、発想をより自由にする頭の体操にもなります。

この写真の例では、ナイフを突きつけられることで、相手の肩や首が緊張し、重心が上がってしまっています。こうした恐怖心がもたらす微妙な変化にも注目することで、ナイフトレーニングがぐっと深みを増したものになります。

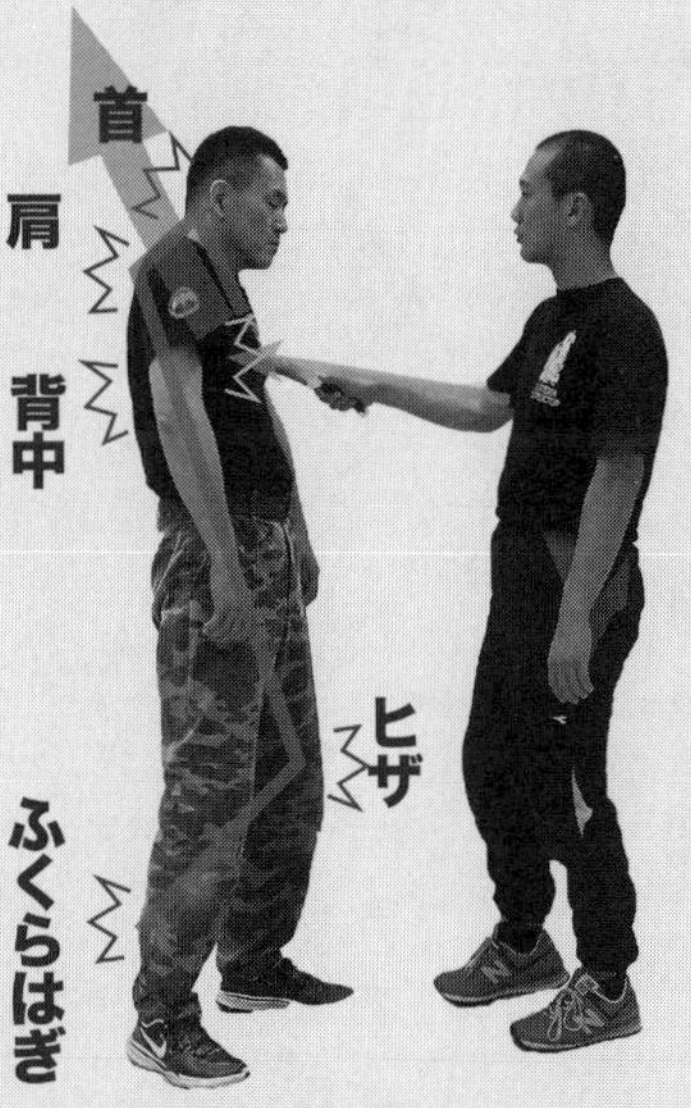

ナイフでのテイクダウン

1. A は力を抜いて立ちます。
2. B はナイフを持ち、A の身体にナイフの背を引っ掛けたり、グリップを押し付けたりなど様々なやり方で相手の身体に力を加えます。効率よく力を伝えるやり方を色々と見つけ出して下さい。切っ先で軽くつつく事で生まれる反射的な動き、喉元に突きつけることで起こる本能的な緊張なども調べます。
3. B は 2. で気づいたことを用いて、A をテイクダウンします。

前述した２点にプレッシャーを与えるテクニックや、ジョイントロックを組み合わせても良いでしょう。このドリルも A が B に向かって歩いていったり、ゆっくり攻撃を仕掛けたりする事でバリエーションを生み出すことが可能です。

この例では、ナイフが不意に顔面に迫ることで、A に一瞬、大きな緊張が生まれています。その間に B は A の背面に回りこみ、ナイフの背を相手の首に引っ掛けて倒します。このようにして、ナイフを用いつつも相手を傷つけることなくコントロールすることも可能です。

ナイフの練習は非常に幅広く、かつシステマの動きを理解する上で極めて有用です。興味を持たれた方は、公認インストラクターの主催するクラスに参加して実際にナイフワークのドリルを体験すると良いでしょう。それが難しい方はヴラディミアによる DVD「ナイフディフェンスの基礎（日本語版）」もお薦めです。

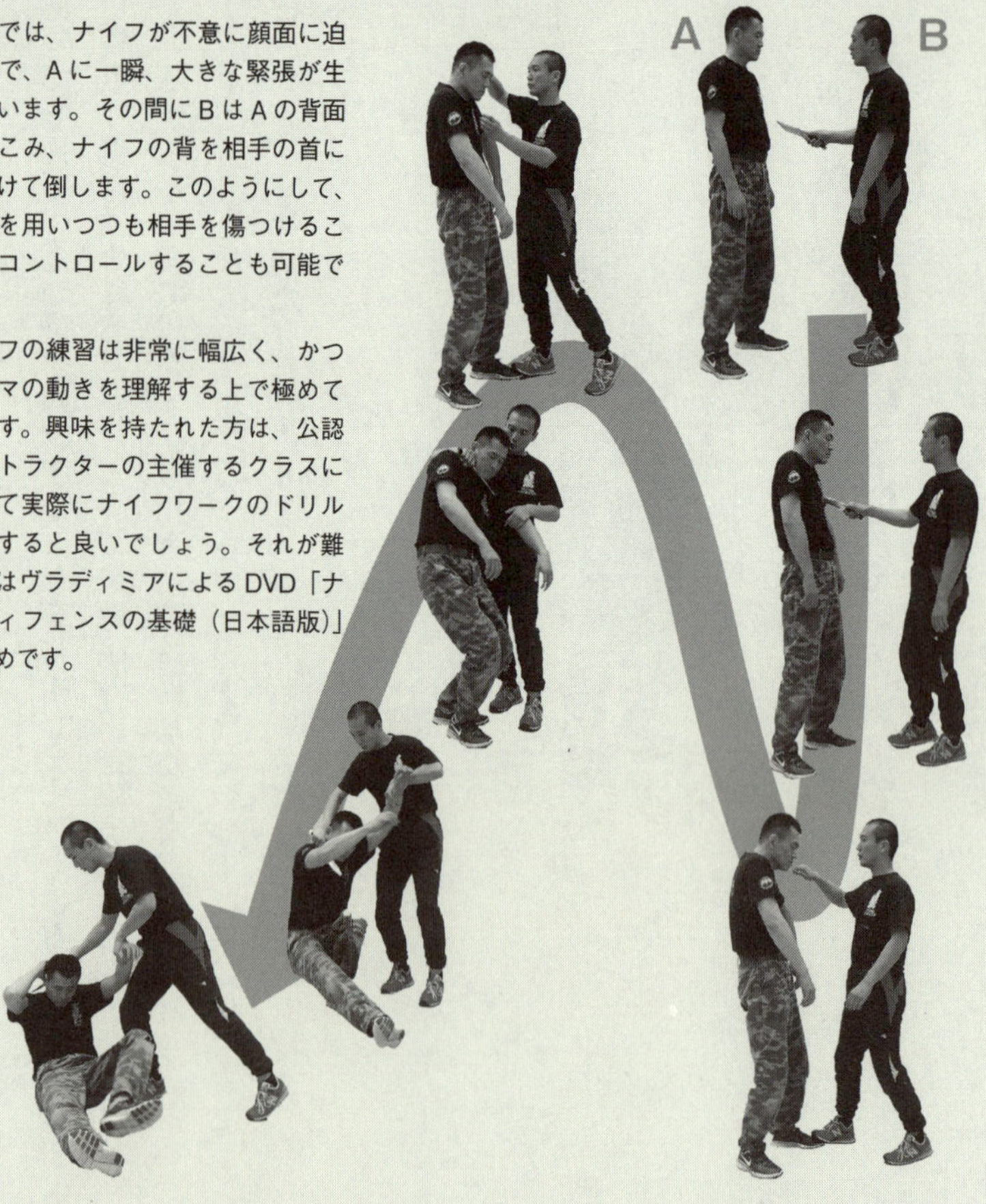

8 複数の相手に対する技術

システマは軍隊産まれの武術ですので、一対一だけでなく複数の敵への対処も念頭に置かれています。また、シニア・インストラクターのエマニュエル・マノラカキスが「一人を相手にするのに慣れたら、同じドリルを人数を増やしてやれば良い」と語っている通り、よりシビアに自分の動きを見直す上で、対複数の練習はかなり役に立ちます。

複数の敵に対処する上で特に重要となってくるのが、四原則の一つ「動き続ける」。もちろんケース・バイ・ケースですが、一箇所にもたもたと留まっているよりも、やみくもにでも動いた方が少なくとも攻撃が当たりにくくなります。また頭の中も「動き続ける」ことが大切です。意識をクリアに保ち、パニックによる思考停止状態に陥ってしまわないようにするのです。それができないと自分で自分をより危険な状況へと追い込むことになってしまいます。そこで必要なのは、これまでくり返して来た通り「呼吸」と「リラックス」。複数の敵に対するトレーニングでは、一人を相手にする時とはまた違った緊張感が生まれます。それを楽しむつもりで練習してみ下さい。

・対複数の例

ドリルに関してはここまでで紹介した対人トレーニングをほぼそのまま流用できます。相手の数を増やせば良いだけです。その一例をここで紹介致します。

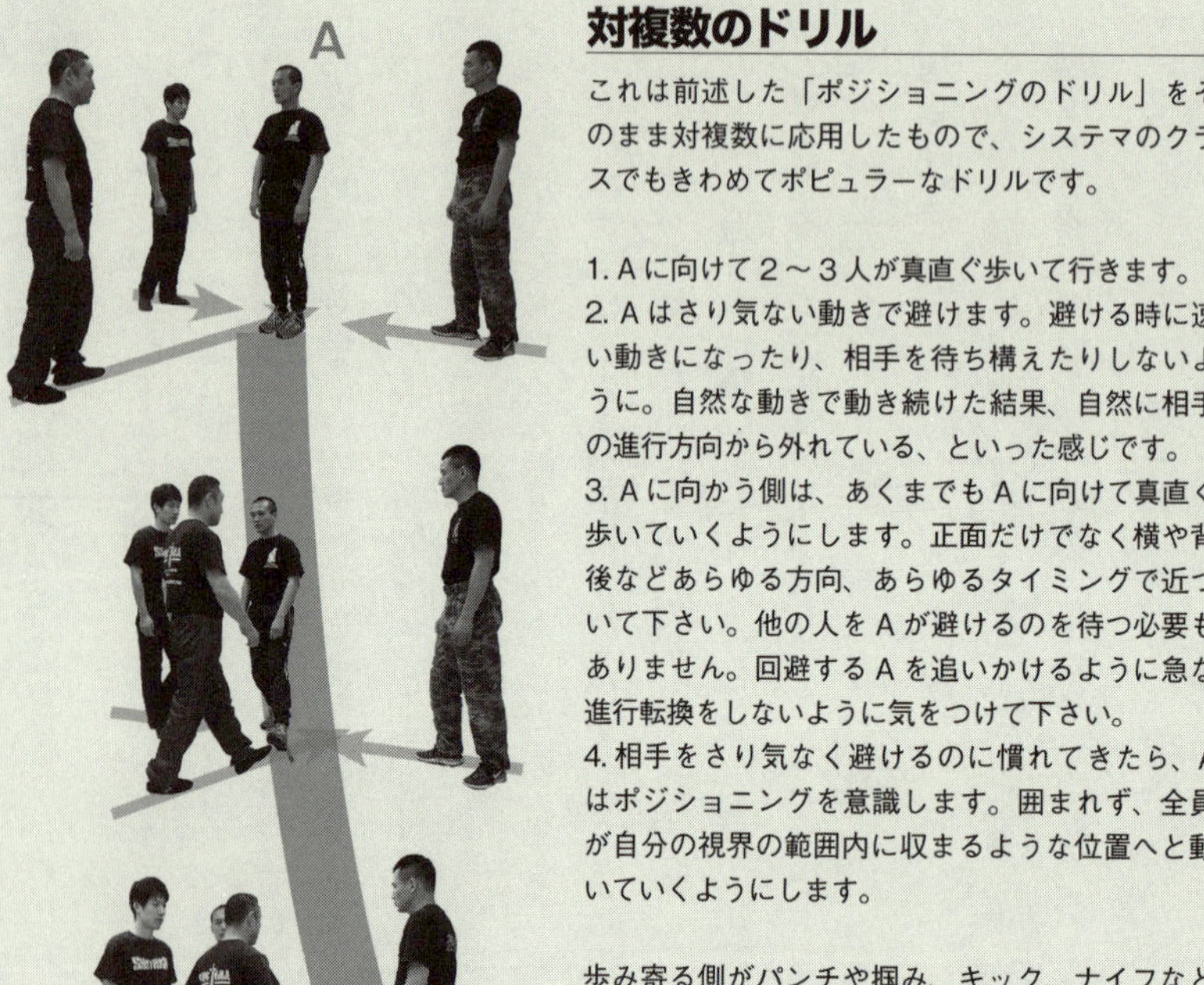

対複数のドリル

これは前述した「ポジショニングのドリル」をそのまま対複数に応用したもので、システマのクラスでもきわめてポピュラーなドリルです。

1. Aに向けて2〜3人が真直ぐ歩いて行きます。
2. Aはさり気ない動きで避けます。避ける時に速い動きになったり、相手を待ち構えたりしないように。自然な動きで動き続けた結果、自然に相手の進行方向から外れている、といった感じです。
3. Aに向かう側は、あくまでもAに向けて真直ぐ歩いていくようにします。正面だけでなく横や背後などあらゆる方向、あらゆるタイミングで近づいて下さい。他の人をAが避けるのを待つ必要もありません。回避するAを追いかけるように急な進行転換をしないように気をつけて下さい。
4. 相手をさり気なく避けるのに慣れてきたら、Aはポジショニングを意識します。囲まれず、全員が自分の視界の範囲内に収まるような位置へと動いていくようにします。

歩み寄る側がパンチや掴み、キック、ナイフなどの攻撃を繰り出したり、Aが膝立ちや地面に倒れたりなど、シチュエーションに変化を加える事で、多くのバリエーションを生み出すことが可能です。また、Aが迫ってくる1人を盾にしたりなど対複数ならではの様々な戦術も考えられます。

対複数のドリル（ローリング）

地面に座った状態、もしくは倒れた状態で数人が迫ってくるのをかわします。視点が低くなることで、立っている時とは異なる恐怖感が生まれることと思います。

歩く側は、もし相手が避け損なったら遠慮せずに踏みつけたり蹴ったりして下さい。お互いにブリージングをし、落ち着いてやるようにしましょう。

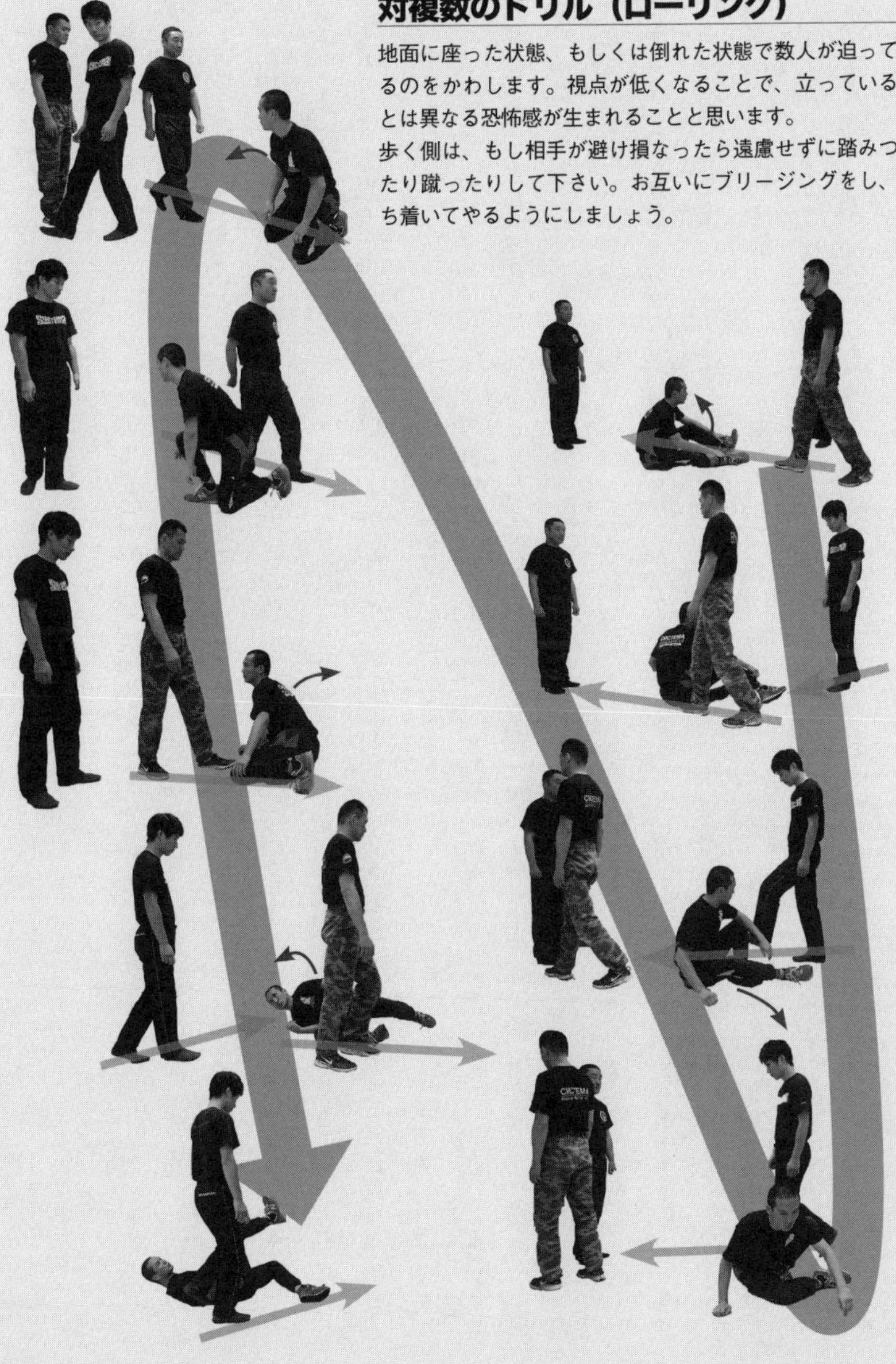

○マスアタック

システマには「マスアタック」と呼ばれる、群衆の中での身の守り方を学ぶトレーニングもあります。大勢でもみ合ったり、押し合ったり、果ては殴り合ったり、レスリングをしたり。一見、かなり派手なトレーニングですがポイントはこれまでと全く同じです。つまり「呼吸」と「リラックス」ですね。そして姿勢を保ち、周囲の人の流れに逆らわないようにします。そうして全体的な流れを見いだし、その流れに沿って動いていくのです。人波をかき分けて強引に自分の行きたい方向に行こうとしても思うように動けないばかりか、すぐに疲れてしまったりするのであまり得策ではありません。

マスアタックのドリルにも大変興味深いものがたくさんあるのですが、あえてここではご紹介しません。ひとつ間違うと怪我をしてしまいかねませんので、興味のある方は独学ではなくきちんとしたインストラクターのもとで練習されてみて下さい。

ところでこれは余談なのですが、とあるシニア・インストラクターが来日セミナーを行った時、どういう訳か日本人が思いのほかマスアタックが上手なことに驚いたそうです。でもすぐにその理由を理解しました。セミナー会場に来る途中、駅でラッシュに巻き込まれたのです。「日本人は毎日マスアタックをやっているようなものだ」と、彼は帰国した後、地元のシステマ仲間に笑い話として話していました。人波に逆らわず、ブリージングによってリラックスしながら、できるだけ楽に目指す方向に進んでいく。これだって立派なマスアタックの練習なのです。

万が一の時に役立つことがあるかも知れませんので、ここではコンスタンチンが教えてくれた、群衆に巻き込まれた際の注意点だけを紹介しておきます。

・ネックレスやマフラー等を首から外す。

・ポケットの中にボールペンや鍵などの尖ったものがある時はそれを取り出す。

・前あきの上着を着ている場合はきちんと前を閉める。また、できるだけ上着をズボンの中に入れる。これは万が一、倒れてしまった時に上着を踏まれて立てなくなってしまうのを防ぐためです。

・膝を少し深めに曲げ、両手を脇腹に沿わせるようにする。膝を曲げることで足が踏まれるのを防ぎ、両腕によって肋骨の損傷を防ぐことができます。

・身体の力を抜き、群衆が生み出すリズムに乗るようにする。

セミナーで行われるマスアタックの実際。

○あらゆるシチュエーションにて

ほかにもシステマでは、森や深夜、水中等での格闘法、スティックやシャベル、チェーン、ウィップ（鞭）、剣といった武器の使い方なども学びますが、基本的な注意点は全て同じです。つまり基礎的なエクササイズや対人ドリルで「呼吸」や「リラックス」といった原則的なことを身体にしみ込ませていれば、多少のコツを習うだけで、あらゆるテクニックを使えるようになるのです。そうした意味でシステマはとてもシンプルなのです。とは言え、実際にやってみるととても難しく感じられることも多いでしょうし、かく言う私も自分の未熟さに呆れてばかりです。そんな時にはまず呼吸をする。そして楽しむ。するときっと打開策を見いだすことができるはずです。

あるセミナーの時、思うような動きができず苦心する私にヴラディミアが声をかけてくれたことがあります。どんなアドバイスがもらえるのかと期待していたら、ヴラディミアはたった一言「スマイル」。これだけでなんだかほっと肩の力が抜けて、その後の練習を楽しむことができた事があります。そのようにリラックスして練習した方が、不思議と得られるものも多いのです。

システマの練習ではシカメ面なんて必要ありません。正しくやろうとしすぎると、かえって余計な緊張が生じてしまいます。１００点満点の動きをする必要なんてありません。平均点でも多すぎます。赤点さえとらなければ良いや、という位のいい加減さでいた方がかえって良いような気さえします。ですから失敗や間違いを恐れる必要はありません。システマにおける間違いとは、自分や仲間を傷つけたり、恐怖や虚栄心、エゴと言った悪い感情に捉われてしまったりすることです。テストに例えるなら、パートナーに配慮せずに怪我をさせたり、いい加減に相手をしてしまったりするのは大きな減点ですが、創意工夫の上でのミスは減点対象に入りません。自由に発想を広げ、時に思い切った実験もしてみて下さい。そうやって自分の内側から出て来る動きこそが「自分だけの動き」となるのです。

システマのマスターや優れたインストラクターの技には、どういう訳か人を笑わせてしまう力があります。実際に技を受けていてもどういう訳か笑ってしまい、かなりボコボコにされているように見えて、技を受けている本人は実は楽しくて仕方がなかったりするのです。おそらく、マスターの動きがあらゆる意味で想像や常識を超えているからでしょう。そして敵意がなく、完全にコントロールされているからでしょう。他者との対立というシビアな局面を笑いに変えてしまう、そんなシステマが私は好きですし、そのような「笑える技」を目指していきたいと思っています。

◯体格差と格闘技術

こうした格闘テクニックの練習をしていると、どうしても体格差や体力面などから来るハンデを感じることがあるかと思います。確かにルールがある競技の中では、そのルールにより適した体格の方が必然的に有利になります。ですが、システマにはルールはありません。ですから本来、「有利な体格」というものはないのです。創始者のミカエル・リャブコにしても、確かにとてもたくましい体格をしていますが身長は170センチほど。ロシア人にしては小さい方です。マスターの一人であるコンスタンチン・コマロフも同じくらいですし、ヴラディミアは一回り大きくて180センチくらいありますが、海外にあってはごく普通の体格。彼らよりも大きく、力の強い人達はゴマンといます。でもなぜ彼らは体格的に勝る相手を手玉に取ることができるのでしょうか。間違いなく言えるのは、圧倒的にリラックスできているということです。私たちが体格に勝る相手に対する時、自分を不利にしているのは実はその体格差そのものではなく、その体格差に対して不安感を抱くことによって生じる緊張です。その緊張が動きを固く、ぎこちないものにしてしまうために、自分の力を出し切れなくなってしまうのです。

こうした時の解決策もまた、これまでと同様です。「呼吸」「リラックス」「姿勢」「動き続ける」。自分の身体により気を配り、これらの原則をさらに徹底していきます。特に体格的なハンデに悩んでいる人は、あえて自分より大きな人、力の強い人と練習で組むようにするのも一つの手です。自分より体格で勝る相手に対して自分がどんな感情を抱き、どのように緊張してしまうのかをつぶさに感じとり、ブリージングによってリラックスしていくことで、少しずつ慣れてきます。すると身体が大きく、力が強いのも決して良いことばかりではないということも分かってくるでしょう。

例えばマスアタックなどでは当然、身体の大きい人の方が的が大きい分だけたくさん殴られてしまう反面、小さな人はその陰に隠れて身を護ることができたりします。また、小回りが利くのも身体が小さい人ならではのメリットの一つです。相手の力を吸収し、それを使う技術も身軽な人の方が会得しやすかったりします。

同様のことは年齢や性別などに関しても言えます。若い人はエネルギーに溢れて身体も頑丈かも知れませんが、人生経験から来るメンタルの強さや老獪さに欠ける傾向があります。男性の方が力が強く、身体も大きいために有利なように思えますが、女性はもとから筋力に頼るクセが少ないため、少しコツを掴むだけで見違えるほど上達したりします。また、格闘技の経験が豊富な人は自分の得意パターンに入ってしまえば高い能力を発揮できる反面、予測不能な状況に陥いると一気にガタガタになってしまって、なんの経験のない人の方がかえって落ち着いていられることだってあります。

これはシステマのインストラクターと生徒においても同様です。どちらがどちらよりも優れているというのは決してなく、インストラクターだからこその弱点、生徒だからこその強みだってあるのです。

こうして見渡してみると、みんな等しく一長一短です。それはつまり、どんな人でもたくさんの緊張を心身に抱えているということです。私たちと比べると格段にリラックスできているように思われるミカエルやヴラディミアにしても同様です。だからこそ、今なお彼らは進化し続けることができるのです。

私のクラスに参加している生徒の一人が、練習後にこんな事を言っていました。

「力むのは限界があるけど、リラックスは無限なんですね」

全くもってその通りだと思います。自らの緊張を見つけ、ブリージングによって解消していく。そのプロセスに終わりはありません。それはつまり、袋小路にぶつかることなくどこまでも進んでいけるということです。その意味において全ての人は平等なのです。

9 シェアリングタイム

システマのクラスでは最後にみんなで車座になって話し合う時間を設けます。一人ずつ順番に、自分が気づいた事や感じた事、疑問点や質問などを自由に話します。すると自分が全く気に留めていなかった事を疑問に感じている人がいるかと思えば、全く思いもしなかった解釈を聞いたりと、実に多様な見かたがあることに気づかされます。

「群盲象を撫でる」という言葉がありますが、システマも同様です。どんな上級者であっても、システマという巨大なシステムのほんの一部しか知る事はできません。自分の目から見たシステマについて、自分の言葉で語っていく。そうやって様々な視点から見たシステマの姿を共有することでシステマの全体像を少しずつ把握していくのです。特に立派な事やうまい事を言う必要はありません。自分が感じたままの素直な言葉で語れば、それが仲間の糧となります。先ほど紹介した「リラックスは無限なんですね」というのも、まだほんの数回しかシステマのクラスに参加したことのない初心者の方の言葉です。しかし、それまでそのようにリラックスを考えたことのなかった私にとても大きな示唆を与えてくれました。こうした気づきこそが、まさにシェアリングタイムがもたらしてくれる恩恵です。

シェアリングタイムは、例え少人数であっても仲間とのトレーニングにはぜひ取り入れてもらいたい、システマの大切な習慣です。

©Benoît Caire

第4章

システマ式 コンディショニング

SYSTEMA's CONDITIONING

©Benoit Caire

システマ式コンディショニング

1 システマと健康法

システマは格闘術としてだけでなく健康法としても大きな実績を挙げています。それを聞きつけたモスクワのとある大病院のお医者さんが、ある患者さんについてミカエルに相談を持ちかけた事がありました。その患者さんは事故で背骨を折ってしまっており、手術で治しても間違いなく後遺症が残ってしまう状況にあるとのこと。どうにかして障害を残さずに治すことはできないか、とミカエルに尋ねたのです。ミカエルは早速ロシア式マッサージの名人とともにその患者を訪ねました。すると数ヶ月後には何の後遺症もなく回復させることができてしまったのだそうです。念のためにミカエルは医師に聞きました。「他になにか必要なことはありますか？」と。するとお医者さんは「いえ、これ以上何をしてもらえば良いというのですか!?」と目をまん丸にして答えたそうです。

治療にあたった数ヶ月間、ミカエルとマッサージの名人はロシア式のマッサージによって患者さんにとにかくたくさんの呼吸をさせ、背骨の周囲の筋肉をリラックスさせたのだそうです。例えば背骨が折れてしまった場合、背骨だけを手術で真直ぐに治したとしても周囲の筋肉や組織は歪んでしまったまま。するとムリヤリ真直ぐにされた背骨に対して周囲の組織から無理な力が加わってしまい、結果として身体に大きな歪みが埋め込まれる形になってしまいます。これが後遺症の原因です。

背骨を治すにはまず、事故の衝撃やトラウマによって固く強ばってしまった筋肉を緩め、背骨にかかる不要な力を解消しなくてはいけません。そうすることで背骨への余計な負荷がなくなり、なおかつ血流も活発になって新陳代謝が促進され、損傷部位の修復が促進されるのだそうです。

この例からも「呼吸」と「リラックス」は鍛錬や格闘技術だけでなく、健康法にも通じる原則であることが分かるかと思います。ここではいくつかのマッサージや健康法を紹介しますが、それらも全て同じ原則に則っていることを頭に入れた上で、やり方をみていくと良いでしょう。

ちなみにこの時、治療に用いられた「スティック・マッサージ」は、大の男でも悲鳴を上げるほどの激痛をともないますが、効果はかなりのものです。日本ではまず受けられる施設もないかと思いますので、もしロシアにシステマのトレーニングで行く機会があればぜひ体験されることをお勧めします。ミカエル自身も愛用し「本当の意味で男になるためのマッサージだ」と太鼓判を押しています。

○呼吸によるリラクゼーション

まずご紹介するのは寝た状態で行なうエクササイズです。クラスでは主にウォーミングアップとして行なわれますが、身体と心をリラックスさせ、さらに身体の鋭敏さを取り戻す働きもありますので、日常的に行なっても良いでしょう。

家庭なら朝、目覚めた時や寝る前に寝床でやるのも良いでしょうし、生活のちょっとした合間に立ったまま、座ったまま、歩きながらでもできます。ポイントはブリージングとともに、ターゲッ

リラクゼーションのドリル 1

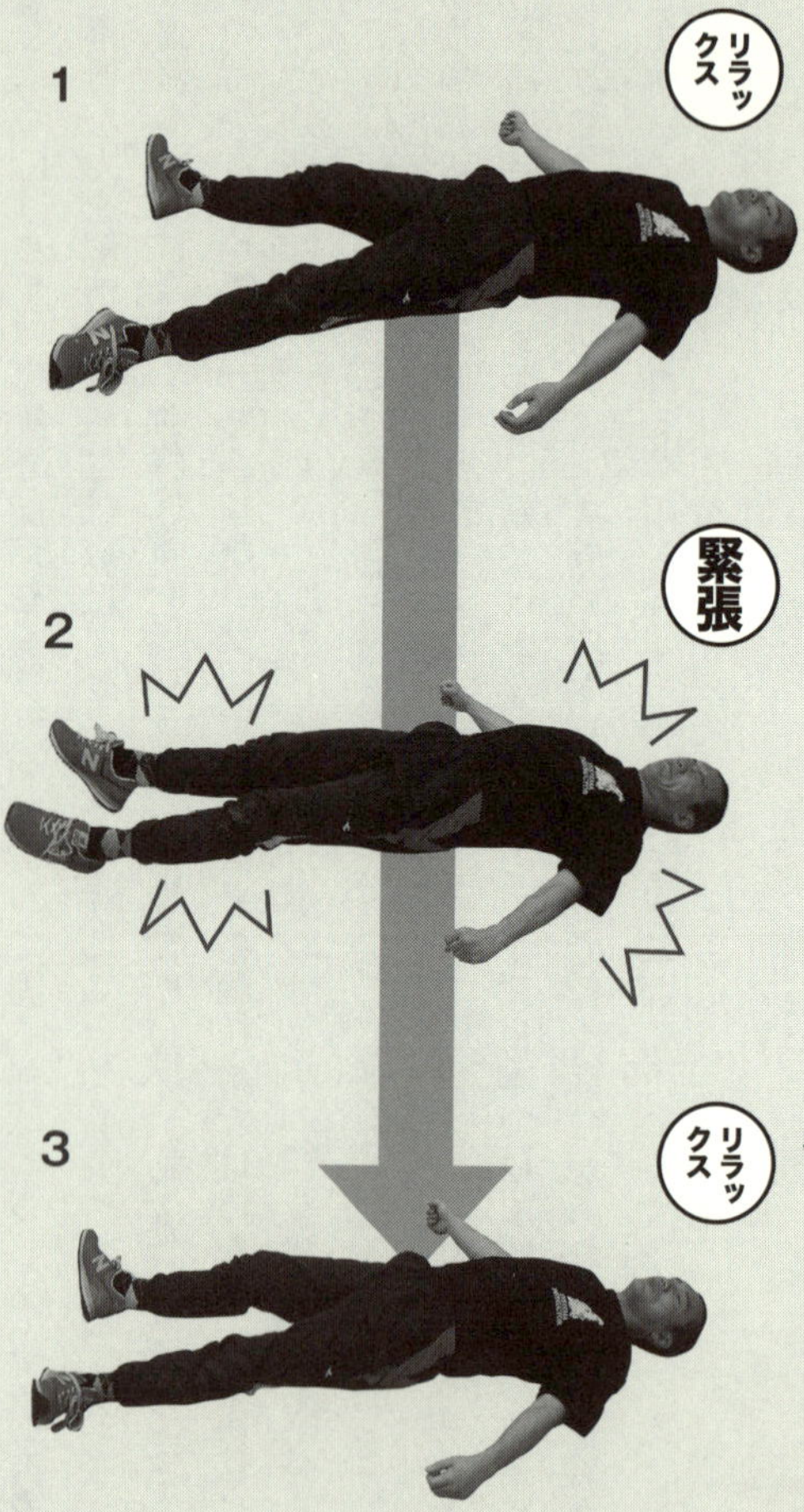

1. 仰向けに寝ます。全身をリラックスさせ、呼吸を落ち着かせて下さい。

2. 息を吸いながら全身を緊張させます。あくまでも呼吸と緊張が同じ速度になるように。どちらかが先に終わってしまうことのないよう気をつけましょう。息を止めたまま緊張していない部位がないか、良くチェックして下さい。抜けてしまっているところがあればそこにも思い切り力を込めます。

3. 息を吐きながら全身をリラックスさせます。吸う時と同様、吐く息もリラックスの速度と一致させます。なかなかリラックスできないような慢性的な緊張も、いったん思い切り力を込めることで、リラックスさせやすくなるのです。

4

緊張

4. 息を吸いながら今度は両腕を緊張させます。腕だけをくまなく緊張させ、その他の部位はすっかり力が抜けているように。息を止めてそれを数秒間チェックします。慣れてきたらチェックしなくても構いません。

5

リラックス

5. 息を吐きながら両腕をリラックスさせます。

6

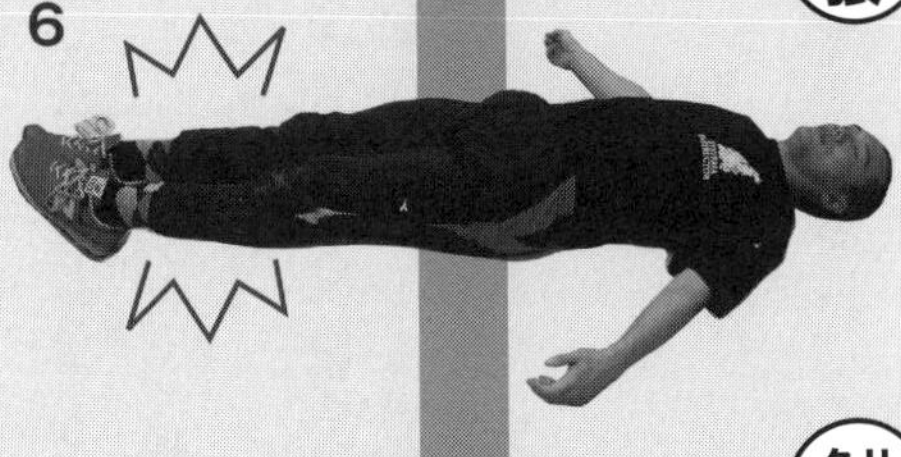

緊張

6. 同じことを両足、上半身、下半身、右半身、左半身などでも行ないます。胸、背中、お腹、上腕、太ももといったように、さらに細かいパーツに分けて練習するのも良いでしょう。

7

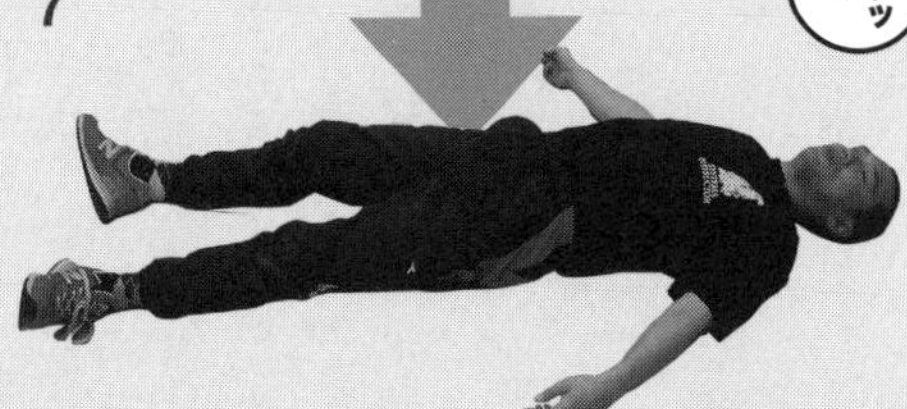

リラックス

7. 各部位の緊張とリラックスを終えたら、もう一度呼吸とともに全身を緊張、リラックスさせて終えます。1～2分ほどそのまま横たわり、意識や身体の感覚の変化を感じるのも良いでしょう。

トとする部位だけを緊張させ、その他の部位はすっかり力を抜くこと。厳密にやろうとすると予想外に難しいことが分かると思いますが、続けていくうちにすぐ上達するはずです。全身にくまなく意識を張り巡らせ、使いこなせるようにするためのトレーニングとして取り組むのも良いでしょう。

このドリルにもそれだけで一冊の本が書けるくらい多くのバリエーションがありますので、興味のある方は実際のトレーニングに参加したり、DVD「システマ式呼吸法」やヴラディミアの著書「Let Every Breath…」などを参考にして下さい。

2 システマ式マッサージ

通常のマッサージは筋肉を緩めたり、疲れを癒したりするために行なわれますが、システマのマッサージにはもう一つの目的があります。それは「他者の接触に慣れる」ということです。人は誰しも他者に対して多かれ少なかれ恐怖感を抱いています。その恐怖が身体の緊張を生み、往々にして頭脳と身体の機能を妨げてしまいます。こういった傾向は他者による敵意に直面した時に、つまりシステマ的には最もリラックスしなくてはいけないような時に最も顕著となります。

この恐怖感をコントロールできるようにしていくには、できるだけたくさん他者と接触する経験を積む必要があります。その意味においてマッサージは極めて有効です。受ける側は、慢性的な緊張と他者に触れられることによって生じる一時的な緊張の二種類を呼吸によってリラックスさせます。一方のマッサージをする側も、決して相手を緊張させないように気を配ります。ゴリゴリと手荒に触れてしまうと相手がかえって緊張してしまいますので、それにはマッサージをしながらも呼吸とリラックスし続け、柔らかな感触を心がけます。

また前述した通り、システマ式格闘術の原理は「相手の緊張を見つけ、それを利用する」という事です。それを可能にする感性もまた、マッサージによって養うことができます。握手やハグの習慣がなく、スキンシップが不足しがちな私たち日本人にとっては特に必要なトレーニングと言えるかも知れません。

次のページで紹介する、背中へのマッサージをする際には、相手の背に乗ってよろけてしまったり、自分の方が重すぎると感じたりしたら、すぐに棒や壁を使って身体を支えて下さい。バランスが取れないと身体の力を抜く事ができないためマッサージ効果が低減してしまいます。

また、受ける側はバースト・ブリージングによって緊張と苦痛を解消していきますが、万が一痛みが強すぎる場合や、肘や首などの明らかに弱い部位に乗られたりした時には、遠慮なくパートナーに告げるようにしましょう。マッサージで怪我をしてしまっては本末転倒となってしまいます。

「どんなトレーニングであれ、継続することで身体を壊すようなものは全て間違っている」。ヴラディミアはこのように教えています。つまりマッサージに限らず、システマにおけるあらゆるトレーニングが健康法としても成立するということです。ヴラディミア自身も「40歳を過ぎると、身体のそれまで使えなかった部分が使えるようになる」と言っています。それにシステマの大きなイベントに行くと若い人達に混じって60歳代、70歳代の参加者と会うこともできます。システマは何歳からでも始められますし、やればやるほど、身体に良い影響を与えてくれるものなのです。

背中へのマッサージ

主に背中側の筋肉を解すことを目的としています。
うつ伏せに寝たAの上をBがふくらはぎ、お尻、背中、肩甲骨、腕の順で踏んで行きます。

1. Aはうつ伏せに寝ます。

2. BはAの足の裏を踏んで解します。最初は軽めに。Aの様子を見ながら徐々に強く、まんべんなく踏んでいきます。

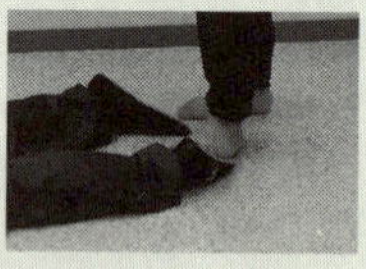

3. ふくらはぎに移ります。ふくらはぎにはかなり強い緊張が潜んでいますので、慎重に解して下さい。Aはブリージングで苦痛を和らげていきます。

4. ふとももからお尻にかけて移ります。くれぐれも膝裏には乗らないように注意して下さい。ふとももは比較的強いので、両足で乗ってしまっても構いません。プレッシャーが急激にならないよう、ゆっくりと呼吸をしながら乗るようにします。

5. 続いて横向きになってAの背中に乗ります。腰椎（お腹の裏側に当たる背骨、腰の反りがある辺りです）は弱いので、足を乗せないように。お尻と胸の裏側辺りに足を乗せるようにします。
Bは軽く足踏みをするように、一箇所に集中する事なくまんべんなくゆっくりと負荷をかけるようにして下さい。

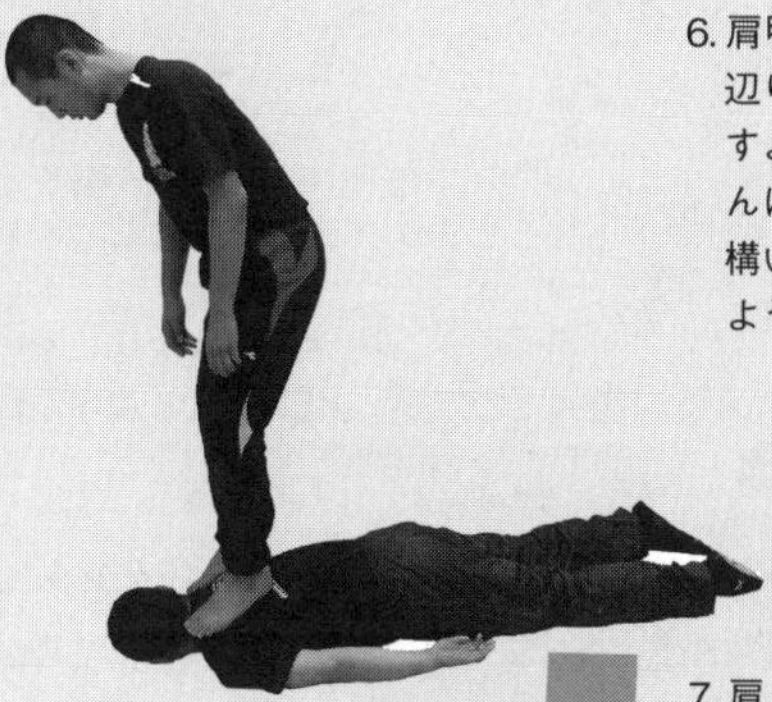

6. 肩甲骨の辺り。再び正面を向いて肩甲骨の辺りを解します。肩甲骨の周囲の筋肉を解すようにして下さい。不安定であれば四つんばいのような姿勢で、床に手を着いても構いません。くれぐれも首の骨を踏まないように。

7. 肩 - 上腕 - 前腕 - 手の平　背中から降り、片腕ずつ踏んでリラックスさせていきます。肘を踏まないように気をつけて下さい。手の平から指にかけても軽く踏んで終了です。

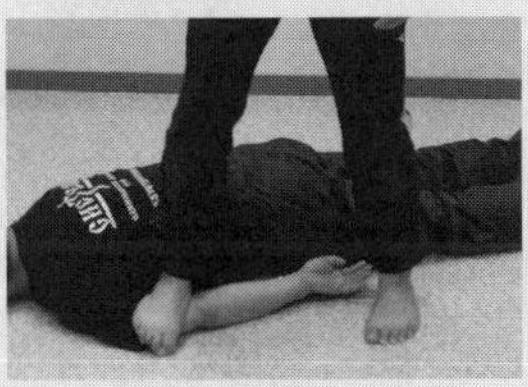

うまく立てない時や、体重差がある時などは、棒や壁を補助に使うのも良いでしょう。まずマッサージをする人がリラックスしないと、マッサージの効果は出ません。無理をせずに、自分が一番リラックスできるやり方で、マッサージを施して下さい。

ふくらはぎへのマッサージ

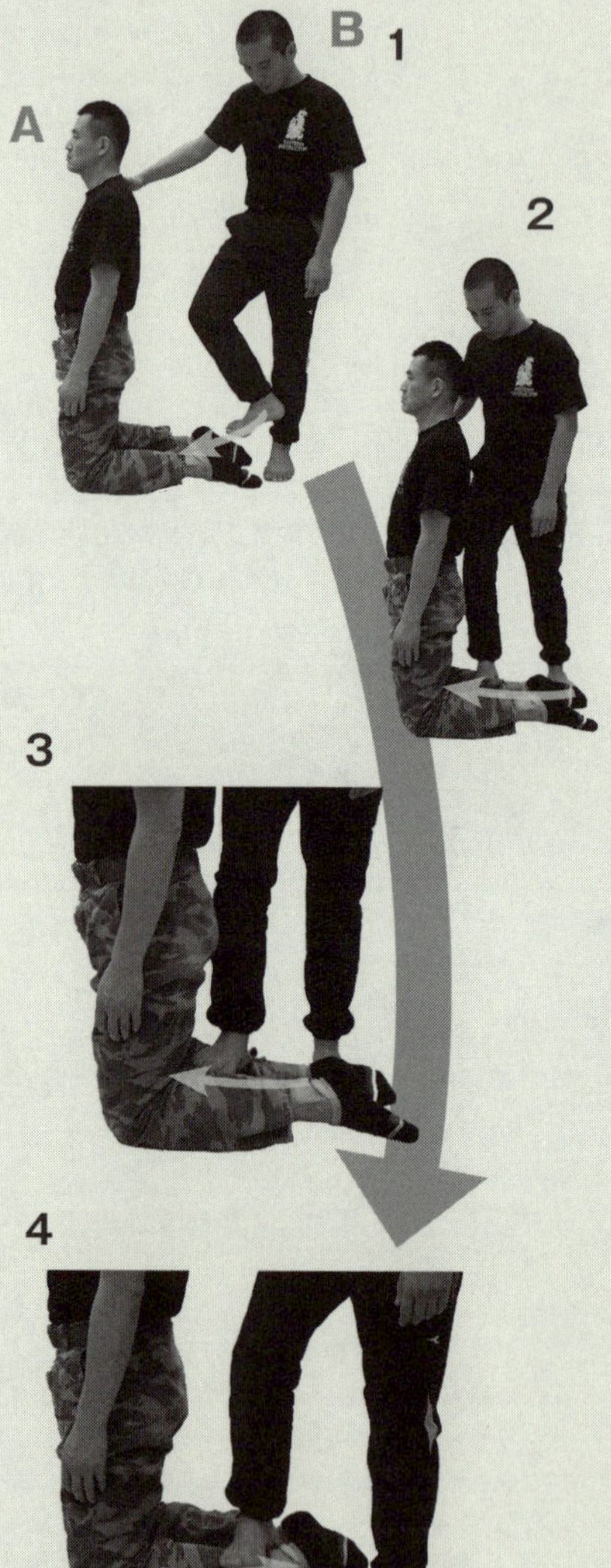

ふくらはぎには普段意識しない強い緊張が潜んでいます。これは腰や肩の緊張とも関連してしますので、入念にほぐしておきたいところです。
受ける側は予想外の苦痛を感じることがありますので、マッサージする側はくれぐれも相手の様子に注意して下さい。

1. Aは膝立ちになり、Bはその背後に立ちます。

2. Bは足の裏でAの足の裏からふくらはぎにかけて、軽く揺するようにして解します。

3. だいたい解れたら、BはAの足の裏からアキレス腱を経てふくらはぎまで、じわりじわりと踏んでいきます。徐々にプレッシャーを加え、ピークに達したら徐々に緩めるのをくり返します。Bは足の裏でAのふくらはぎをよく感じ、どのように緊張しているか確かめながらやっていきます。Aは通常のブリージングやバースト・ブリージングを使い、痛みや緊張を全てリラックスさせていきます。

4. 一通り終わったら、もう一方の脚へと移ります。

腹部のマッサージ

1

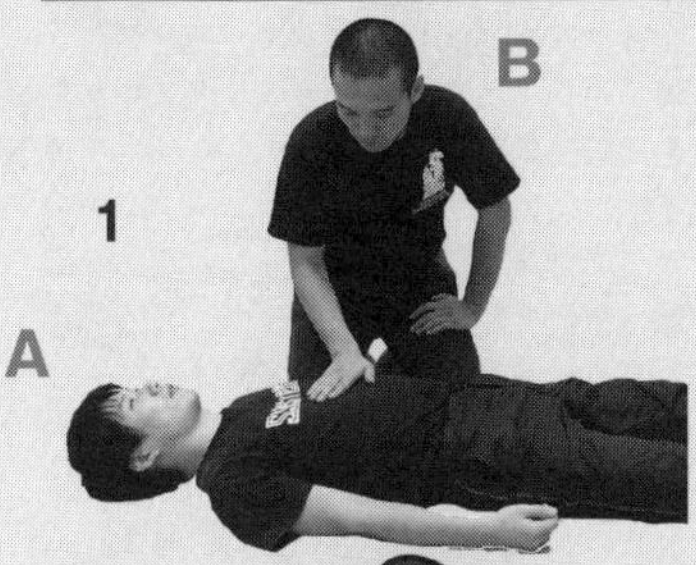

パンチを受ける練習のウォーミングアップとしても効果的なマッサージです。お腹の奥にある筋肉や内臓などを柔らかくすると同時に、滞ってしまった体液の循環を促進する効果もあります。

1. A が仰向けで寝ます。

2

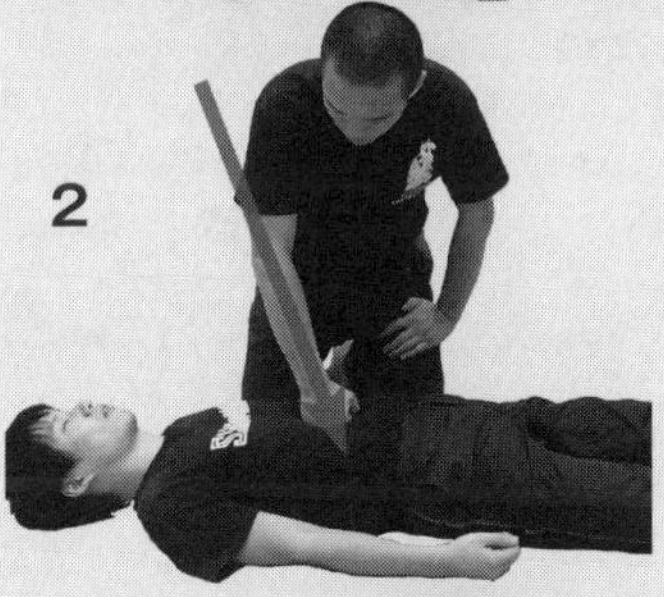

2. B は A のお腹に拳をあてがい、ゆっくりと押し込んでいきます。B はストライクと同様に拳を柔らかく、手首を真直ぐにし、肩などが力まないように気をつけます。A はブリージングによって、腹筋やその奥も全てリラックスさせます。お腹の奥にある緊張に触れるとイヤな感じがしたり、吐き気がしたりすることもありますが、そうした緊張も含めてブリージングによってリラックスさせていきます。

3

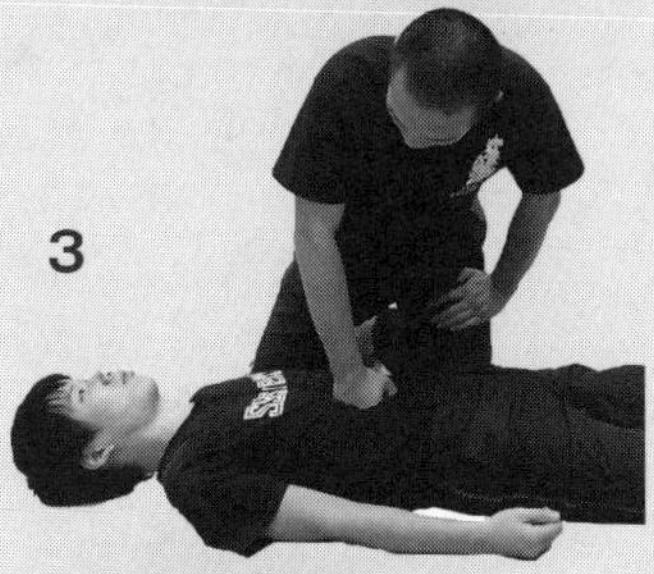

3.B は拳を当てる位置や角度を変えながら、お腹全体をまんべんなくマッサージします。お腹はとてもデリケートですので、B は A の様子をうかがいながら慎重にやるよう気をつけましょう。

4

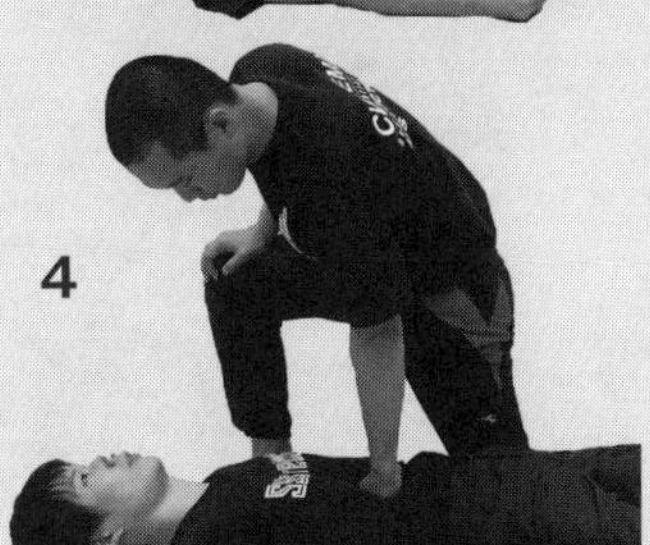

4. A はこのマッサージによって肩や腰などの関連もなさそうな部位に、痛みや緊張が起こることがあります。それらも含めて全てリラックスさせることで全身がほぐれ、なおかつ自分の身体に対する理解を深めることもできるはずです。

　これをお腹全体に、まんべんなくやるようにして下さい。特に鳩尾や肋骨と腹部の境目のあたりなどには緊張が生まれやすいので、入念にほぐします。女性の下腹部には子宮や卵巣といったとても大切な臓器が収まっていますので、相手にストレスを与えないように優しく丁寧に行ないます。

　このマッサージは一人でやることも可能です。季節の変わり目や仕事の繁忙期などで疲れがたまった時に試してみて下さい。

水を用いたヒーリング

1

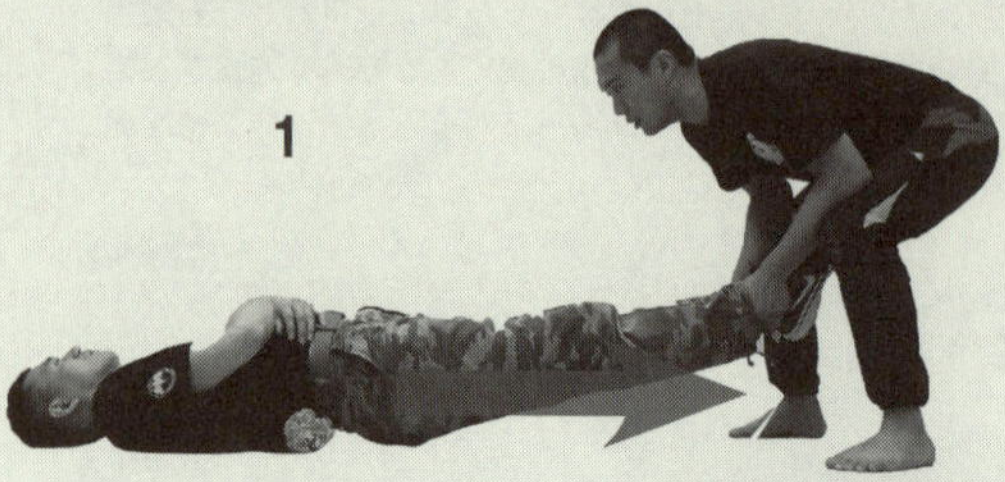

2

3

4

システマには多岐に及ぶヒーリング法があります。その中でも特にミカエルが奨めているのは、水を用いたヒーリングです。水にはたやすく人をパニックに陥らせ、溺れさせてしまう恐ろしさがある反面、身体をリラックスさせて、活性化させてくれる働きがあります。このヒーリングは水が持つ癒しの側面を活用したものと言えるでしょう。

まず、円筒型のペットボトルを水で満たしたものを用意します。

1. ペットボトルを背骨の最下端にあてがうようにして仰向けに寝ます。
2. パートナーに足を持って引っ張ってもらいます。ペットボトルの上を転がっていくようにして、背骨全体をまんべんなくマッサージします。

この時、ペットボトルの中の水に悪いエネルギーを送り込むようにブリージングをします。

このマッサージに使った水は飲まずに捨てるようにして下さい。ミカエルが言うには、「その水には悪いエネルギーが溜まっている」ためだそうです。

もちろん、一人でやるのも可能です。

○日常におけるトレーニング

「普段の仕事が忙しくてなかなかトレーニングに参加できない場合、どのような練習をすれば良いですか」

こうした質問は非常に多く寄せられます。これに対してヴラディミアはいつも次のような返事をしています。

「ブリージングをしてください。それで十分です」

それはそのまま、日常生活にシステマを役立てる上での大きなポイントにもなります。

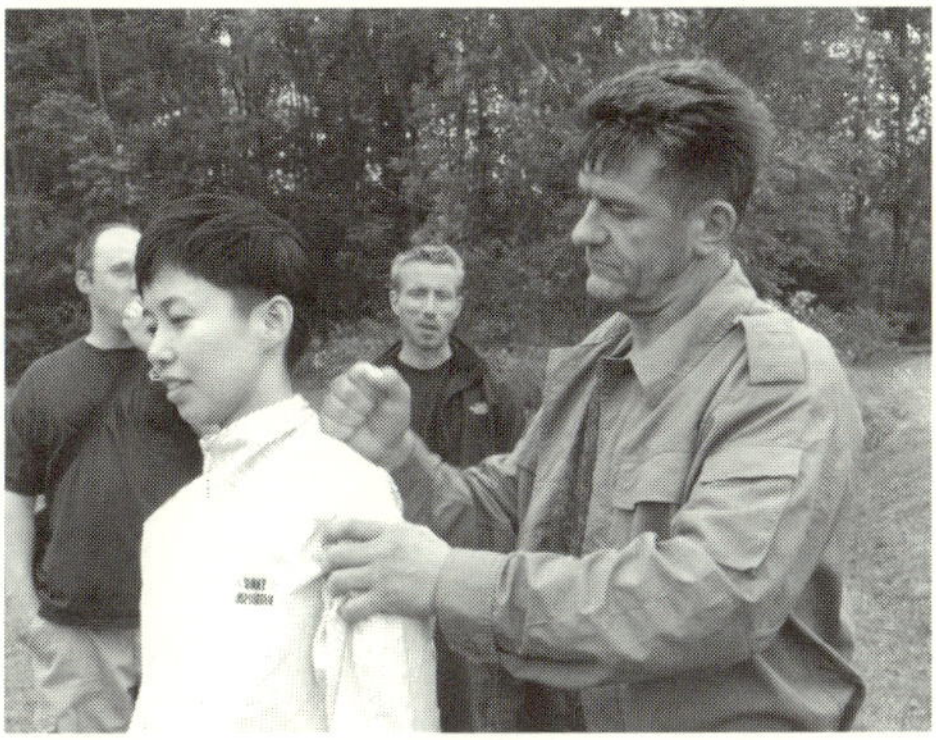

生徒にマッサージを施すヴラディミア。システマでは、生徒をさらにリラックスさせるために、インストラクターがマッサージする光景がしばしば見られます。

システマの練習はなにも、クラスに参加しないとできないわけではありません。日常生活の中にこそ、本当の意味で自分を強くすることができる機会が山ほどあります。クラスで行うエクササイズや格闘テクニックはとても大きなシステマというシステムのほんの一部に過ぎず、それだけで上達するのはやや困難と言えるでしょう。

職場や家庭、学校などで実に様々なことが起こります。何らかのトラブルに見舞われることもあれば、大事なプレゼンテーションや発表会などの大舞台に立たされることもあるでしょう。

こうしたストレスにさらされた時も、練習においてストライクを受ける時も、対処法は同じです。自分にどのような緊張が生じたのかを感じ取り、ブリージングによってリラックスさせていくのです。

このようにして様々な状況下でリラックスする訓練を積むことで、その人のリラックスが全般的に進化します。システマのトレーニングが非常に多岐に及ぶのも、そのためです。エクササイズの時に生じる緊張、ストライクを受けるときに生じる緊張、ナイフを前にした時に生じる緊張、レスリングに持ち込まれた時に生じる緊張、または人ごみで生じる緊張、暗闇で生じる緊張、車での移動中に生じる緊張などなど、緊張の種類は無限です。それはもちろん、日常生活における緊張も同様です。

あらゆる状況下で自分の内面に意識を向け、リラックスすることでリラックスが多角的に強化されていくのです。

それを行なう第一歩は、まずは自分の呼吸に気を配るということ。緊張が生じた時にはたいてい、呼吸が詰まっていたり、浅くなってしまっていたりします。そういう自分に気づいたら、一度深呼吸をするだけでも平静さを取り戻し、直面している課題に新たな気分で取り組むことができるでしょう。それでも追いつかない時にはバースト・ブリージング、さらに高いリラックス効果が必要であれば、息を吸いながら全身をさらに緊張させ、息を吐きつつ身体の力を抜くことで、たいていの緊張は和らげることができるでしょう。

参考として、ミカエルが教えてくれた「怒りを収めるエクササイズ」をご紹介します。

精神的に何らかの乱れが生じたときには、得てして身体にも何らかの緊張が生まれます。これはその身体的な緊張を緩和することで、メンタル面に落ち着きを取り戻すエクササイズです。

実際にやってみると怒りのエネルギーが消費され、いくらか気持ちが落ち着いてくるのが自覚できるのではないかと思います。

他にも様々なやり方で、日常生活にトレーニングを取り入れることができます。

起床時にプッシュアップをやることで頭をスッキリさせたり、寝付きを良くするために就寝前にリラクゼーションのエクササイズをやったりするのも良いでしょう。ちょっとした移動時にブリージング・ウォークをやるのも有効です。仕事や学業の気分転換としてプッシュアップやスクワットをやっても良いでしょう。なにも練習のためにまとまった時間を取る必要はありません。塵も積もれば山となるという諺が教えているように、ちょっとした空き時間を見つけてブリージングとともに身体を動かすだけでも、じゅうぶんシステマの練習として成立させることができるのです。

呼吸を用いた“怒り”のコントロール

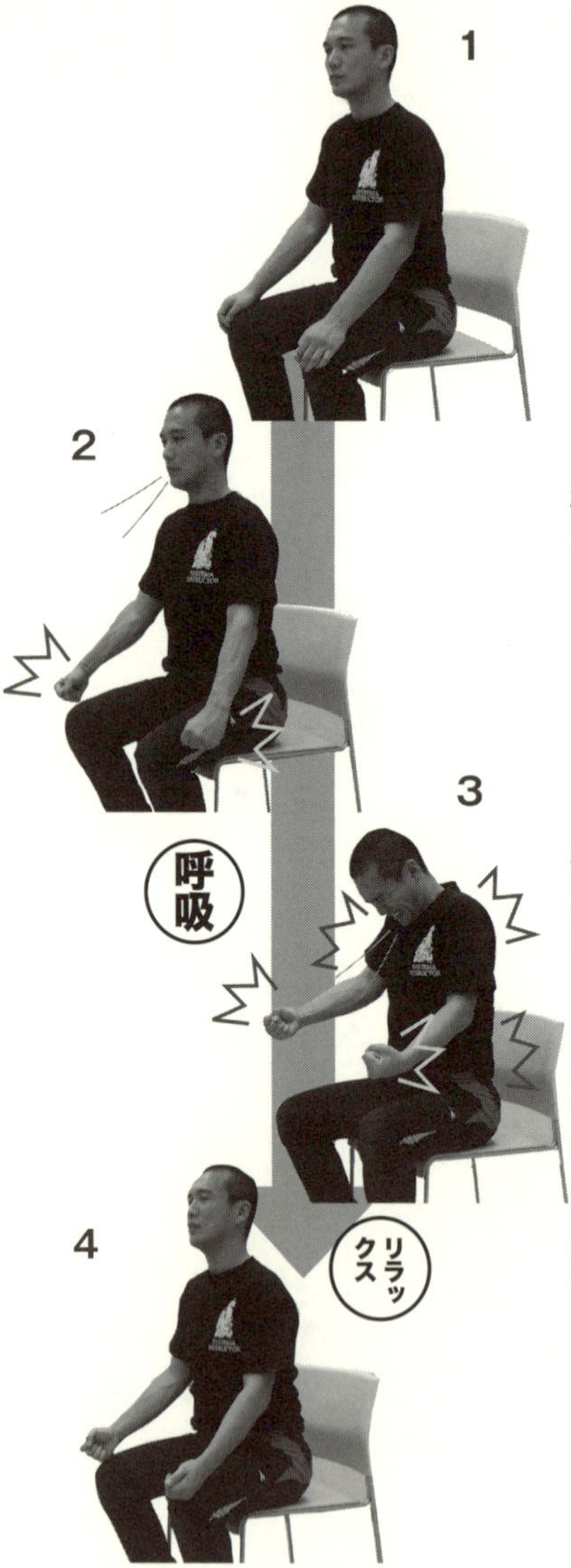

1. ここでは椅子に腰をかけた状態で紹介しますが、寝た状態でも行なえます。

2. 怒りがどうしても収まらない時、息を吸いながら渾身の怒りをこめて拳を握り締めます。

3. そのまま何度か呼吸をします。呼吸をする度にさらなる怒りが拳にチャージされるように、どんどん力を込めていきます。

4. 限界に達したら、細く長く息を吐きながら全身をゆっくりとリラックスさせます。

第5章

システマの哲学

PHILOSOPHY OF SYSTEMA

©Benoit Caire

システマの哲学

システマの「スピリット」

ここまで、システマの様々な技術について述べてきました。その全てのベースとなるのは「呼吸」と「リラックス」。そして「姿勢」「動き続ける」といった原則を組み合わせることで全てが成立します。ですがシステマを学んでいくと、どうしてもそれだけでは説明しきれない「なにか」に直面します。システマの練習では他の武道やスポーツと「なにか」が違う、または上手な人とまだまだ発展途上の自分では「なにか」が違う……。もしかしたらあなたがこの本を手にとり、ここまで読み進んだのもその「なにか」に引きつけられたためかも知れません。システマは極めて明確なロジックを持つがために、ロジックで説明できない部分もまた明快に浮き彫りにされるのです。

その「なにか」とは、いったい何なのでしょうか。それを知っているか知らないか、もしくは知ろうとするかしないかという僅かな違いによって、技術の進歩が格段に違ってきます。そればかりかシステマをただの格闘技として終わらせるか、それとも人生そのものを向上させるために役立てられるかという分かれ目も、この「何か」を感じているかそうでないか、ということで大きく左右されるのです。

「何か」は別に特別なものではありません。例えば神社に行けば神社の、お寺に行けばお寺独特の雰囲気があるように、システマにもまた「システマらしい」と思わせる特有の雰囲気があります。

その「何か」はシステマにおいて「スピリット」と呼ばれています。優れたスポーツマンやビジネスマンにそれぞれのスピリットがあるように、システマにも独自のスピリットがあるのです。

実はこれがシステマをさらに理解するための鍵となります。スピリットに触れるという体験は、その人の心の奥底に影響を与え、精神面だけでなく技術面においても飛躍的な向上をもたらしてくれるのです。

では、システマのスピリットとはなにか？　非常に言葉にしにくいトピックでもあるのですが、この問題を外してはシステマの本を書く意義が半減してしまいます。なので本書では三つのキーワードを手がかりにしてその解説を試みていくこととします。そのキーワードとは「Calm」、「破壊の否定」、そして「ロシア正教」です。

1　システマのスピリットについて1…「Keep Calm」

「呼吸」「リラックス」「姿勢」「動き続ける」。これらはいずれも身体的な原則ですが、あえてメンタル面の原則をあげるとしたら「Keep Calm」がふさわしいような気がします。この言葉は私が学んだシニア・インストラクターやマスター達もしばしば口にしていました。辞書を開くと「Calm」は、「静けさ」、「平穏」「凪（無風状態）」といった意味。孫子の言葉を引用するなら、「静かなること林の如く」、日本武道の言葉で言うなら「平常心」が近いかも知れません。内面を静かで揺るぎのない「Calm」な状態に保つ事が安心して日々を送る上でも、技術の精度を高める上でも不可欠ですし、システマ独特の雰囲気を作る大切な要素にもなっています。

「Calm」でない態度では、相手に余計な緊張を与えてしまいます。例えば、威圧的だったりびくびくした態度で他者に接すれば、相手に警戒心や侮りといったネガティブな感情を抱かせ、それがきっかけとなって大きなトラブルへと発展する可能性もあるでしょう。また自分自身も恐怖や過度の欲求といった負の感情を抱いてしまう事で、悪意ある人に利用され、操られてしまうことにもなりかねません。

先ほども出てきたシニア・インストラクター、エマニュエルに銃を持った相手への対処法を習った時にも、繰り返しアドバイスされたことは銃の避け方や取り上げ方と言った技術的なことではなく、「Keep Calm」でした。「Calm」さがなければ相手に警戒心を抱かせ、引き金を引くきっかけを与えてしまうというのです。

「Calm」さの欠如は戦闘技術のレベルも大幅に下げてしまいます。焦りや不安によって生じた緊張が、動きの正確さや効果を大幅に損ってしまうのです。例えば練習中に相手に殴られたり、関節を極められたりなどの苦痛を与えられると、恐怖感や怒りなどの感情がこみ上げてきます。特にマスアタックの練習ではたいていの人が取り乱し、自分の身を護ることで精一杯になってしまうものです。そういった時は背筋は丸まり、手足も胴体も全て強ばってしまいがちです。これは過度の恐怖が緊張を生み、全身を覆ってしまった結果に他なりません。このままストライクを受ければダメージが蓄積し、刃物で攻撃されれば刃の餌食になってしまいます。その上、新たな敵が現れたとしても気づくこともできません。

そういった緊張が一切ない、身も心も静かな状態。それが「Calm」です。ですからシステマでは、それを破ってしまうような猛々しさ、荒々しさを推奨することはありませんし、気迫やアドレナリンの効果も認めていません。ヴラディミアは「確かにアドレナリンは普段以上の力を引き出してくれるかも知れないが、リスクが大きい。結果的に自分自身を損ねてしまうだろう」とし、それよりもはるかに安全で強い力がブリージングによって得られると言っています。ヴラディミアは格闘家のエメーリヤエンコ・ヒョードルを高く評価しているのですが、その理由も彼が「猛々しくない」ため。気分を昂ぶらせて試合に臨もうとする選手が多い中、ヒョードルは冷静そのもので、試合も練習も日常生活も同じような態度でこなしているからこそ強いのだそうです。

このように一般的には戦いのプラスになるように思われているような、「気分の高揚」「アグレッシブな感情」や「アドレナリン」の力もまた、トータルで見るとマイナス面の方が大きくなります。そういった事も踏まえると戦いにおいても日常生活においても、自分自身の精神衛生においても、または人間関係においても「Keep Calm」こそが、適切な精神状態と言えるのです。

ですから「恐怖」「侮り」「怒り」「嫉妬」などの感情にとらわれ、少しでも「Calm」でなくなっている自分に気づいたら、そこへ戻っていく努力が必要となります。その手段はもちろん「ブリージング」です。自分の意識、感情、身体にこみ上げて来る様々な緊張を呼気とともに吐き出します。「怒るな」と言われてすぐに怒りをさっぱり忘れることのできる人がいないように、感情を意志でコントロールすることはかなり困難です。だからこそ呼吸という身体運動を通して、感情を鎮めるのです。「Calm」さがない動きや技は、どこか間違っていると言っても良いでしょう。「Keep Calm」は、心と身体のバランスの崩れを教えてくれる大切なガイドともなり得るのです。

2 システマのスピリットについて2…「破壊の否定」

四原則を身体、「Keep Calm」をメンタル面での原則とするなら、「破壊の否定」は理念における原則といえるでしょう。システマでは自分や自分にとって大切な人はもちろん、トレーニングパートナーや敵として出会ってしまった人々も含めて、極力傷つけないように配慮します。

ミカエルのクラスで、ある一人の生徒がちょっとした不注意で仲間の首を痛めてしまったことがありました。その時、ミカエルは即座に「仲間を傷つけるようなことはしてはいけない」と、一言。その後、ミカエルは怪我をしてしまった生徒に丹念にマッサージを施しながら、仲間の大切さと不注意の恐ろしさについて諭してくれました。ややもすると怪我をした生徒に対してのお説教となってしまいそうなのですが、ミカエルはその言葉を居合わせた全員に向けることで一人の失敗を全員の教訓とし、誤って怪我をさせてしまった生徒の心も傷つけることなくその場を収めたのです。

システマは軍隊武術だからある程度の怪我は当然、と考える向きもあるでしょう。それももっともですが、この通り創始者であるミカエルは普段の練習において「破壊の否定」をかなり徹底しているのです。

もちろんこの「破壊の否定」には自分や仲間、身の回りの人を大切にしなさい、といった一般常識的な意味も含まれています。ですがそれはきわめて当たり前のこと。軍隊武術であるはずのシステマがわざわざ掲げる理念ではないようにも思えるのですが、練習を続けていくと、この理念が持つ予想外に深い意味に気づかされます。

確かに言えることは「破壊の否定」は、れっきとした上達論でもあるということです。おざなりにすることで壁にぶち当たってしまうことすら有り得ます。もちろん「破壊の否定」を無視してもそれなりの強さを手に入れることはできると思いますが、マスターと呼ばれる人々のレベルを目指すのであれば、間違いなく遠回りとなってしまうでしょう。その理由は明確です。「破壊の否定」とは、システマの理念であるばかりでなく、システマのあらゆる技術が成立した理由でもあるからです。この世界に存在する全ての技術には、その技術が存在する理由があります。そこから離れてしまっては、技術は力を失ってしまうのです。

システマの練習において、呼吸やリラックスよりも大切なことが一つだけあります。それは「サバイブ」です。つまり参加者全員が大きな怪我をせず無事に家に帰り着くことです。それ以上に大切なことはありません。これは練習だけでなくあらゆる局面にも当てはまります。誰もが無事に家に帰り、家族に「ただいま」を言うことこそが最優先事項であり、それを実現するための体系がシステマです。「自分さえ助かれば良い」という考えで無闇に他人を傷つけることでも、確かに家に帰ることができるでしょう。ですがそういった遺恨を残すやり方では、いつか自分が手痛いしっぺ返しに見舞われ、家に帰り着けない日がやって来るかも知れません。また、自分の身体を痛めつける事で強い戦闘力を得たとしても、いずれ身体が限界に達し、やはり無事に家に帰る事ができなくなってしまう危険があります。

「破壊の否定」とは、このような長期的な視点を含めて踏まえる必要があるのです。

もちろんいきり立つ敵を全く傷つけずに破壊せず制するのはかなり困難です。敵と認識し次第、めちゃめちゃにやっつけてしまう方がどれほど楽か分かりません。ですが、だからこそ練習する価値があるわけですし、レベルの高い技術を身につけることもできるのです。

また、「相手をやっつけてやろう」という攻撃的な意志は、心身両面に余計な緊張をもたらします。その攻撃性によってそれによって動きがぎこちなくなってしまうばかりか、相手に動きの気配を伝えてしまいます。しかし「破壊の否定」を踏まえた動きでは、そうした緊張が大幅に緩和されます。動きがスムーズになり、かつ気配を悟られにくくなるのです。その結果として、より的確に相手をコントロールできるようになるのです。

軍隊武術であるシステマにおいて、一見無理矛盾があるようにみえる「破壊の否定」という理念には、こうしたきわめて現実的な意図もまた秘められているのです。

少し話がそれますが、システマを学ぶのであればマスター達の言葉を「矛盾がある」「そんなわけがない」と決めつけたりせず、まずは額面通りそのまま受け取ることが大切な気がします。

それに関する面白いエピソードがあります。ある時、ヴラディミアが生徒との雑談のなかでこんなアドバイスをしたことがありました。「酔っぱらいに絡まれたら、適当な距離をおいて声をかけながら、酔っぱらいを中心にして円を描くように歩きなさい」。

あまりに突拍子のない内容だったので、その場に居合わせた生徒の多くは聞き流してしまったのですが、その中に現役の警察官がいたのです。彼はその夜に勤務があり、奇しくも酔っぱらいを捕まえることになりました。はたしてヴラディミアの言っていたことは本当に使えるのかどうか。彼は半信半疑ながら言われた通りに酔っぱらいの周囲を歩き回りました。するとなんと2～3周もすると酔っぱらいは目を回してその場に倒れてしまったのです。驚いた警官は翌日のトレーニングで興奮しながらヴラディミアに報告したのですが、それを聞いたヴラディミアはさも当然といった態度で一言、こう言ったのです。

「私が役に立たないことを教えていると でも思っていたのか?」

マスター達の言葉はしばしば私たちの常識を超え、耳を疑ってしまうようなこともままあります。ですがそこには必ず過去の経験に裏付けられた強力な知恵があるのです。システマに秘密は一切ありません(もちろんミカエルやヴラディミアの経歴など国家機密に関わることは別ですが……)。マスター達は持てる知恵の全てを惜しみなく与えてくれています。ですが往々にして私たちの「常識」がそれを妨げてしまうのです。

確かに「破壊の否定」という理念は単なる理想論のように思えるかも知れません。長年システマのトレーニングを続けている人であっても、ふとした心の隙に破壊を肯定する心を抱いてしまうことがあります。私達の心に根付いた「武術＝殺傷技術」という固定観念がついつい顔を出してしまうのです。常識に縛られたままでは、「破壊の否定」の真意を理解するのはとても困難です。ですから、もちろん今すぐに理解できなくても結構です。ですが、システマのクラスに参加する際にはとりあえずその時だけでも「破壊の否定」を実践してみて下さい。だまされたつもりで構いません。試しにやってみることで、それまで見てきたものとは違った自分、違った発想に出会えるのではないかと思うのです。

3 システマのスピリットについて3…「ロシア正教」

システマはミカエルやヴラディミアが敬虔な信徒であることもあって、哲学面においてロシア正教からの影響を多分に受けています。しかし日本においてはあまり馴染みがないため、キリスト教の一派であることすら知らない方も多いかも知れません。そのロシア正教とはどういうもので、システマとはどのようなつながりがあるのでしょうか。

ミカエルが伝えるロシア正教の教えは至ってシンプルです。「神」という存在については「お父さんのようなもの」と言っています。「子供が転んで痛い思いをして泣いていたら、お父さんが助けに来てくれるだろう？　人間を創造した神も同じことだ」と教えています。ここで「泣き声」に例えられているのは、「祈り」です。祈りに関してミカエルは「自分の信じるものならなんでも良い。『神』に祈れば、必ず助けてもらえる」とのこと。そして自身がなぜ熱心にロシア正教を学んでいるのか、という生徒からの問いに対しては「誰だって自分がどこからやって来たのか、ルーツに興味があるだろう？」と答えています。こうした平易な言葉で教えられている愛情や自己への問いかけは全て、システマの練習においてもとても大切なものです。

ですがもちろん、システマを学ぶためにロシア正教を信仰しなくてはいけないわけではありません。ミカエルもまた「システマを学ぶこととロシア正教への信仰は別だ」と語っている通り、ロシア正教には全く関心を持たずとも、システマを身につけることは十分可能です。ですが日本武道を愛する外国人が神道や禅に興味を持つように、システマを学ぶ人がロシア正教についてある程度知っておくことは、決して無駄ではないと私自身は思っています。

ロシア正教の教会に行ったりイコンを見ていたりすると、独特の厳かさ、静けさ、包容力が感じられます。その雰囲気は先に述べた「Calm」そのもの。システマで目指す「Calm」の見本が、まさにそこにあるような気がします。こうした場に、荒々しさや自己憐憫、恐怖と言った、「Calm」とはかけ離れた感情や動きはあまり似つかわしくありません。ロシア正教はその場に満ちた〝雰囲気〟を通して、システマを学ぶ者の正しいあり方を、指し示してくれているように思います。

本来であればその指標としての役目を各自の「良心」が担うべきなのでしょう。自分が悪い感情にとらわれていないかどうか、自分の技術が悪意に満ちたものになっていないかどうか。自らの良心によって自問自答しながらトレーニングを重ねていくことで、少しずつ無駄な動きや感情が抜け落ちていきます。ですが私たち、少なくとも私の心は非常に弱いので、少し油断すると瞬く間に悪い感情が大きく膨れ上がり、良心を覆い隠してしまいます。良心によって自らを省みるといっても、その良心自体が曇りっぱなしなのですから、どうしようもありません。

私個人について述べると、そのような時に助けとなっているのが、モスクワのロシア正教会で感じた雰囲気です。その雰囲気にそぐうかどうかという観点で自分自身を見直すことで少しずつ自分の良心を取り戻し、システマ的により適切な正しい動きや態度が分かるようになってきます。

ミカエルに連れて行ってもらったモスクワ郊外にあるロシア正教の教会は、長年地元の人々によって守り続けられて来た伝統と、それによる風格に満ちていました。こじんまりとした教会です。決して大きなものではありません。ですがまったく観光地化も営利団体化もしておらず、純粋な宗教施設として地域に根ざして来た場所です。宗教と言うとアレルギー的に拒否反応を示してしまう方もおられるかと思いますが、それはおそらく一部の現代宗教が持つ行き過ぎた功利主義や選民意識に対してのものでしょう。

時代を超えて人の手から人の手へと、昔ながらの形で伝えられて来た伝統宗教には、人の心の支えになるだけの奥深さがあるものです。少なくともそのモスクワ郊外のロシア正教会にはそれがあり、ミカエルはそこでとても敬虔な態度で祈りを捧げていました。

おそらくこの時ミカエルは、自分自身を育ててくれた存在に私たちを会わせてくれていたのだと思うのです。私たちインストラクターが自分の生徒達に、ぜひ機会を見つけてミカエルやヴラディミアといったシステママスターの指導を受けるように勧めているのと同じように、ミカエルは自分の〝先生〟に、私たち生徒を引きあわせてくれていたような気がします。

ミカエルはシステマによって得た収益を廃れた教会の復興につぎ込み、地域住民にとても感謝されています。ミカエルをそうさせるのも、自分がロシア正教によって救われたという大きな実感があるからのような気がします。

私自身は洗礼を受けたわけでも教義や歴史をきちんと学んだわけでもありません。ですからロシア正教について語れることはかなり限られています。それでもモスクワでミカエルの師匠とも言うべきロシア正教の世界に触れたことに大きな影響を受けています。先ほどにも述べた、ロシア正教会の雰囲気にそぐうかどうかという観点で自分自身を見つめ直すことができるようになったお陰で、システマへの全般的な理解もぐっと進み、技術的にもずいぶんと進歩したのです（もちろんその前がお粗末すぎたというのもありますが)。

システマの物理的なテクニックは四原則によってあらかた説明できます。ですがそれ以上のことを理解し、出来るようになるには、それだけでは説明できない「スピリット」に注意を向ける必要があります。

ここでは「Keep Calm」「破壊の否定」そして「ロシア正教」という三つのキーワードで、その解説を試みてみましたが、お読みになってもやはりピンと来ない方も多いのではないかと思います。もちろん私の説明は決して完全なものではありませんので、それで結構です。ただそういうものがあるらしい、ということを頭の片隅に置いておいて下さい。

あとがき

システマの練習では大の大人達がまるで子供のように笑いながら、叩き合ったり、転げ回ったりしています。そのあまりに無邪気な姿を見ていると、子供の頃にお稽古ごとや宿題で遊べなかった分を今になって取り戻しているようにすら感じてしまいます。私がこうしてシステマの本を書いたり、各地のカルチャークラスの要請に応じてクラスを担当させていただいているのも、「こんな面白い遊びを、自分達だけのものにしておくのはもったいない！」という思いがあるためです。とっても面白い遊びを知って、仲良しに教えてあげたくてうずうずしている小学生と同じようなものかも知れません。

今の日本では子供も大人も思い切り身体を動かす機会があまりありません。趣味や遊びもネットやゲームといった身体を使わないものがメインとなって来ています。ですが実際に汗をかき、身体と身体をぶつけあう爽快感は格別なもの。システマであればそれをたっぷりと感じることができます。

確かに今の日本はとても安全で便利です。でもそれは身体を使わずに済む社会になったということです。それはつまり、身体を盛大に使う喜びから切り離され、とても鬱屈しやすい環境になってしまったということでもあります。それが毎年三万人を上回るという自殺者数として現れてしまっているのではないかと思えてなりません。

私の願いは、こうした環境下で生活を営む現代人にこそシステマを楽しんでもらうことです。日々の生活に行き詰まりを感じてしまっている時、得てして人は自分を自分自身で作り上げた常識で囲い込んでしまっています。その囲いの中から抜け出るには、自分の常識を壊すプロセスが必要です。ですが、思考や心がけといった脳によるアプローチによってそれを実現するのは非常に困難です。脳が作り上げた常識を脳によって壊すことには構造的な無理があるのです。

だからこそ、身体を通して「非常識」な体験をする必要があるのです。それまでの自分では決してやろうとすら思わなかった事に身を投じるのです。

人に殴られる、蹴られる、投げられる、踏んづけられる。あげくの果てにナイフで刺される。システマのトレーニングはそんなとんでもない「非常識」に満ちています。また、優れたインストラクターの技を受けると、「こんなことができるのか！」と目からウロコが落ちるような思いをします。これもまた常識が壊れた瞬間です。

「人生でこれだけ人を殴ったり殴られたりした事はない。でもとても楽しかった」

ほんの少し勇気を出してトレーニングに参加した人達は口を揃えてこう言います。それはもちろん、他人を思う存分痛めつけたことへのサディスティックな意味ではありません。それまでネガティブなものとしてとらえていた「戦い」という行為が、自分と仲間をリラックスさせ、楽しませるものにもなり得るということを身体を通して体験したことで、その人を封じていた常識が一つ、打ち壊されたからなのです。

非常識な体験を経ることで、心がほんの少しだけ自由に、軽くなります。そしてそのような体験から生還したという事実は、自分は自分が思っている以上に強い人間であるという実感を与え、心の奥底に揺るがぬ自信を蓄積していきます。

それはすぐには実感できないかも知れませんが、少しずつその人の心の持ち方や考え方を、その自信に見合ったものに変えていくのです。

ところで私が毎週開催している親子クラスにS君という4歳の子が来ているのですが、彼がある日突然、補助輪なしで自転車に乗れるようになりました。この時、S君はお母さんにこう尋ねたのだそうです。

「ねえ、なんでオレが自転車乗れるようになったかわかる?」

お母さんは答えます。

「分からない。教えて」

するとS君はこう答えました。

「呼吸だよ。呼吸するとこわいのが少しなくなるんだよ!」

システマはこうした小さな飛躍を人生のあらゆる局面にもたらしてくれます。本書で紹介したロシアの知恵によって、みなさんの生活が少しでも楽しく、豊かなものとなれば、著者として嬉しい限りです。

最後になりましたが筆を置くにあたって次の人々に感謝したいと思います。

日本に初めてシステマをもたらしたスコット・マックイーン氏とアンドリュー・セファイ氏。初の日本人インストラクターとして、日本のシステマシーンを力強く支えている大西亮一氏。論文の翻訳監修などでいつも快く力を貸してくれる奥内一雅氏。国内外で指導してくれた多くのシニア・インストラクターやインストラクター達。執筆にあたって相談に乗ってくれたN.Y.のシステマジム「ファイトハウス」代表のエドガー・トゥサクルス氏とコネチカットのデニス夫妻。一緒にトレーニングをしてくれる皆さん。取材中「スゴすぎてズルい！」を連発しながら、「月刊秘伝」でシステマを何度も取り上げ、本書の完成のためにも尽力してくれた編集者の下村敦夫氏。素晴らしい写真の数々をなんと無料で提供してくれたフランスのベン氏。かつて私が深遠な武術の世界に足を踏み入れるきっかけとなり、「たまたま近くにいたから」と、わざわざ我が家に立ち寄って素晴らしいオビを書いてくださった甲野善紀氏。

そしてシステマが世界に広まる礎となり、今なお卓抜した実力と指導力で皆を導いているヴラディミア・ヴァシリエフ氏。それら全ての源である、システマ創始者ミカエル・リャブコ氏。

本書に記されているのは、あくまでも私の視点から見たシステマ像に過ぎません。あなたにはあなただけの「システマ」が存在します。この本を読み終えた今、システマに対して何らかの印象や意見を抱いていることでしょう。それらもまた、あなただけのシステマの一部です。世界中、どこを探したって、全く同じ印象、全く同じ意見を持つ人なんて絶対に見つからないのですから。

もしまだシステマをやったことがないのならば、ぜひ一度、クラスやセミナーに参加してみてください。私の知るインストラクターはみな、良い人達ばかりですので、きっと快く迎え入れてくれることでしょう。

システマのクラスに足を運ぶ度に、あなただけのシステマがどんなものなのかを、あなたの身体が、心が、魂が、もっと詳しく教えてくれるはずです。

平成23年2月某日　北川貴英

システマ日本国内公式クラス一覧（2011年10月現在）

システマジャパン
代表：アンドリュー・セファイ、
　　　スコット・マックィーン
場所：東京・高田馬場
日程：月・水・木・土　平日１９時３０分～
　　　土曜１４時～
在籍インストラクター：
アンドリュー・セフ　ァイ、スコット・マックィーン、西部嘉泰、柴田勝成、吉田寛、ブレット・アダムス
公式サイト：http://www.systemajapan.jp/

システマ大阪
代表：大西亮一
場所：大阪
日程：月・木　１９時～
公式サイト：http://www.systemaosaka.jp/

システマ東京
代表：北川貴英
場所：東京神楽坂近辺
日程：火曜日　２０時３０分～（変動あり。月５回）
公式サイト：「ロシアの武術　システマブログ」
http://systemablog.blog54.fc2.com/

システマ神戸
代表：奥内一雅
場所：神戸
日程：月・水・土　１９時～
公式サイト：
http://plaza.rakuten.co.jp/jedimasterkazu/

システマ二子新地
代表：ブレット・アダムス
場所：神奈川県二子新地
日程：日曜日　１７時３０分～
公式サイト：
http://brettadamssystema.blogspot.com/

システマ吉祥寺
代表：西部嘉泰
会場：東京都吉祥寺
日程：金曜日　２０時～
公式サイト：http://www2.bbweb-arena.com/mono_inc/SYSTEMA/

システマ広島
代表：土江龍介
日程：不定期
問い合わせ先：maddog_ryu@yahoo.co.jp

その他、下記のカルチャースクールでもシステマクラスを開講中です。詳細は各スクールにお問い合わせください。

◎朝日カルチャーセンター
（新宿、横浜、立川、大阪）
担当：大西亮一（大阪）、北川貴英（新宿、横浜、立川）
問い合わせ先
新宿：０３－３３４４－１９４１
横浜：０４５－４５３－１１２２
立川：０４２－５２７－６５１１
大阪・中之島：０６－６２２２－５２２２

◎東急セミナーBe
（青葉台、二子玉川）
担当：北川貴英
問い合わせ先
青葉台：０４５－９８３－４１５３
二子玉川：０３－５７９７－５０５３

◎銀座おとな塾
担当：北川貴英
問い合わせ先：０３－５２５０－０７１９

◎神戸新聞文化センター三宮校
担当：奥内一雅
問い合わせ先：０７８－２６５－１１００

◎半身動作研究会主催〈技アリ企画〉クラス
担当：北川貴英
問い合わせ先：
http://www3.ocn.ne.jp/~hanmiken/

◎むさしのシステマ倶楽部
代表：柴田勝成
お問い合わせ先
http://musashinosystema.jimdo.com/

著者◎北川貴英（きたがわ　たかひで）

システマ東京代表。1975年6月生まれ。東京都出身。高校時代に空手道場に入門。黒帯を取得した後に甲野善紀氏の稽古会に所属。並行して様々な武術や身体論などを学ぶ。05年にシステマに出会い、08年にシステマ創始者ミカエル・リャブコ氏より公式インストラクターとして認定される。現在、朝日カルチャーや東急セミナーBeなどで多数の定期クラスを持つほか、防衛大学課外授業や公立小学校など公共機関での指導実績もあり。「システマブログ」ではシステマに関する海外論文の日本語訳などを公開している。

著書『最強の呼吸法』マガジンハウス刊

「ロシアの武術　システマブログ」
http://systemablog.blog54.fc2.com/

写真協力◎ Benoit Caire - Le Point Sonore des Lilas
モデル協力◎天田憲明、山田和彦、佐伯彰宏

4つの原則が生む、無限の動きと身体
ロシアンマーシャルアーツ
システマ入門

2011年 3月 7日 初版発行
2012年 3月 10日 第4刷発行
著　者　　北川 貴英
発行者　　東口 敏郎
発行所　株式会社ＢＡＢジャパン
〒151-0073 東京都渋谷区笹塚1-30-11 中村ビル
TEL　03-3469-0135
FAX　03-3469-0162
URL　http://www.bab.co.jp/
E-mail　shop@bab.co.jp
郵便振替 00140-7-116767
印刷・製本株式会社大日本印刷

 ISBN978-4-86220-578-0 C2075

装丁：中野岳人　　イラスト：k.k- サン

BOOK Collection

今を生き抜く絶対不敗の心と体を得るために「 男の瞑想学 」

瞑想世界を読み解く対話から、すぐに体験できる瞑想法の指導までがこの一冊に！ あの時、何もできなかったのはなぜか？どうして、いま決断ができないのか？ 見えない未来を恐れ、いまを無駄にしないために必要なこととは何か。闘う男格闘王・前田日明とヨーガ行者の王・成瀬雅春の対話から見えてきたのは、今を生き抜くために必要な男の瞑想学だった。

●「月刊秘伝」編集部 編 ●四六判 ● 186 頁 ●定価 1,365 円(本体 1,300 円+税)

身体論者・藤本靖の 身体のホームポジション

正しい姿勢、正中線、丹田、etc･･･ 自分の身体の正解を、外に求めてばかりいませんか？ 外の知識を無理矢理自分に当てはめても、本当に自分のものにするのは難しいものです。スポーツ、武道、ダンス、日常など本当に自立した、自分の身体が好きになれる「正解」は全部、あなたのなかにあります。この本ではそんな方法を紹介していきます。

●藤本靖 著 ●四六判 ● 248 頁 ●定価 1,575 円（本体 1,500 円+税）

仙骨の「コツ」は全てに通ず 仙骨姿勢講座

骨盤の中心にあり、背骨を下から支える骨・仙骨は、まさに人体の要。これをいかに意識し、上手く使えるか。それが姿勢の善し悪しから身体の健康状態、さらには武道に必要な運動能力まで、己の能力を最大限に引き出すためのコツである。本書は武道家で医療従事者である著者が提唱する「運動基礎理論」から、仙骨を意識し、使いこなす方法を詳述。

●吉田始史 著 ●四六判 ● 222 頁 ●定価 1,470 円（本体 1,400 円+税）

伝統武術という未来兵器 KURO-OBI 第1号

無敵の黒帯を目指せ！達人たちの見えない突き。達人たちの最新理論と技術を大公開。■目次：真樹日佐夫／中村頼永／塚本徳臣／倉本成春／佐山サトル／蘇昱彰／田中健一／岸信行／増田章／サガット／林悦道／吉鷹弘／滄洲紀行記 劉雲樵師翁、李書文公、緑の地を訪ねて／他 付録 DVD 収録時間：1 時間 28 分

● BAB ジャパン企画出版部 編 ● B5 判 ● 129 頁

●定価 1,575 円(本体 1,500 円+税)

伝統武術という未来兵器 KURO-OBI 第2号

かつてカラテは地上最強だった。初公開！ルール無用の大山道場の組手。■目次：対談 真樹日佐夫 × 長谷川一幸／大石代悟／加藤重夫／松永秀夫／倉本成春／田中健一／蘇昱彰／ヴァレリー・ディミトロフ／林悦道／ヴィチャンノーイ／フィリピン武術エスクリマ／その他 付録 DVD 収録時間：1 時間 46 分

● BAB ジャパン企画出版部 編 ● B5 判 ● 129 頁

●定価 1,575 円(本体 1,500 円+税)

秘伝式 からだ改造術《バージョンアップ》

「月刊秘伝」掲載した身体が内側から目覚める、秘伝式トレーニングメソッド集。「内臓力を鍛えよ!」(小山一夫／平直行／佐々木了雲／中山隆嗣)／「身体再起動法」(真向法・佐藤良彦／井本整体・井本邦昭／池上六朗／皇方指圧 伊東政浩）／「日常生活で身体を変える」(松原秀樹・野口整体／河野智聖・ロルフィング／藤本靖・八神之体術 利根川幸夫)

●月刊秘伝編集部 編 ● B5 判 ● 160 頁 ●定価 1,575 円(本体 1,500 円+税)

BOOK Collection

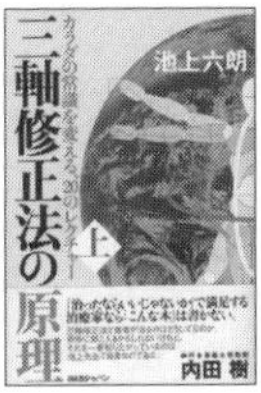

三軸修正法の原理 上巻 カラダの常識を変える20のレクチャー

20の講話が、アナタのカラダ観を変える！ 11年前に発刊され、絶版となって久しく、ファンの間で幻の書として復刊を待望されてきた、池上六朗氏の処女作「カラダ・ボンボヤージ 三軸修正法の原理」の新装版。■目次：コンセプト／ポジション／三軸自在／引き合う力／エントロピー／粒子／重力／カラダの構造／コリオリ力／方位と曲げやすさ

●池上六朗 著 ●四六判 ●332頁 ●定価1,995円（本体1,900円＋税）

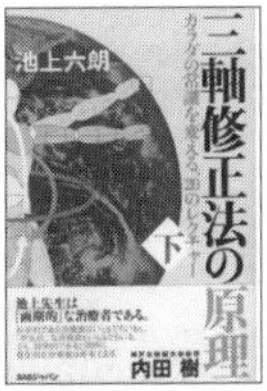

三軸修正法の原理 下巻 カラダの常識を変える20のレクチャー

11年前に発刊され、絶版となって久しく、ファンの間で幻の書として復刊を待望されてきた、池上六朗氏の処女作「カラダ・ボンボヤージ　三軸修正法の原理」の新装版。■目次：回転運動／プレセッション／軸性ベクトルの合成／ヨーイング・ローリング・ピッチング／変化する空間／エネルギー／歪み／痛み／アライメント／三軸修正法

●池上六朗 著 ●四六判 ●284頁 ●定価1,995円（本体1,900円＋税）

自然法則がカラダを変える！ 三軸修正法

物理現象から観たカラダの新常識。三軸修正法は、自然法則からヒトのカラダの再認識を目指します。そこから生み出された科学的な治療法は、凝りや歪みを瞬時になおすことが可能です。■目次：池上先生のこと—内田樹／万有引力をカラダに活かす／プレセッションで三軸修正／コリオリの力と柔軟性／カラダの中の浮力／アライメントを直すと治る／その他

●池上六朗 著 ●四六判 ●288頁 ●定価2,100円（本体2,000円＋税）

気分爽快！ 身体革命 だれもが身体のプロフェッショナルになれる！

3つの「胴体力トレーニング〈伸ばす・縮める〉〈丸める・反る〉〈捻る〉」が身体に革命をもたらす!! ■目次：総論　身体は楽に動くもの／基礎編①　身体の動きは三つしかない／基礎編②　不快な症状はこれで解消できる／実践編　その場で効く伊藤式胴体トレーニング／応用編　毎日の生活に活かす伊藤式胴体トレーニング

●伊藤昇 著／飛龍会 編 ●四六判 ●216頁 ●定価1,470円(本体1,400円＋税)

天才・伊藤昇と伊藤式胴体トレーニング 「胴体力」入門

武道・スポーツ・芸能などの天才たちに共通する効率のよい「胴体の動き」を開発する方法を考案した故・伊藤昇師。師の開発した「胴体力」を理解するために、トレーニング法や理論はもちろんのこと生前の伊藤師の貴重なインタビューも収録した永久保存版。月刊「秘伝」に掲載されたすべての記事を再編集し、膨大な書き下ろし多数追加。

●「月刊 秘伝」編集部 編 ●B5判 ●232頁
●定価1,890円（本体1,800円＋税）

武人の動きを修得せよ！ ブロードマッスル活性術

護身スペシャリスト毛利元貞氏実演掲載。使われざる筋肉を活性化させる身体革命！
目次：身体各部のブロードマッスル（心で脚を動かせ・筋肉の基本構造・大腰筋エクササイズ・腿～骨盤のエクササイズ・上半身のブロードマッスルへのイントロダクション・その他）／コア・ブロードマッスルによる合理的全身運動（コアブロードマッスルの応用・その他）

●安田登 著 ●A5判 ●248頁 ●定価1,785円（本体1,700円＋税）